오늘 당신은 어떤 용기를 내었는가

오늘 당신은
어떤 용기를 내었는가

어떻게 살아야 할지 막막한 이들에게
폴 김이 전하는 인생의 태도

폴 김 지음

INFLUENTIAL
인플루엔셜

프롤로그

> 나만 뒤처진 것 같아 불안한,
> 앞길이 보이지 않는 이들에게

메일 한 통을 받았다.

"교수님, 앞으로 어떻게 살아야 할지 모르겠어요. 확신을 가지고 살아가려면 어떻게 해야 하나요? 매일이 불안하고 지칩니다."

짧은 문장이었다. 그러나 그 문장 속에서 나는 스무 살 때의 나를 보았다. 하위 1퍼센트의 성적으로 고등학교를 졸업하고 도무지 앞길이 보이지 않던 시절이었다. 무엇을 해도 막히고, 어디에 있어도 소외되었다. 그 시절의 나는 인생의 방향이 아니라 나라는 존재 자체를 의심했다.

그때의 암울했던 기억이 한 청년이 보낸 메일 속 문장과 겹쳐졌다. 그래서 이 책을 쓰기로 결심했다. 해답을 알려주기 위해서가 아니라, 나만 뒤처져 헤매는 것 같다고 느끼는 이들에게 같은 길 위에서 함께 걸어가고 있으니 용기를 내보라고 말해주기 위해서다.

솔직히 고백하면, 지금도 나는 내가 하는 모든 일을 확신하며 사는 건 아니다. 여전히 실수하고 여전히 흔들린다. 지금도 스스로에게 묻는다.

'지금 이 선택이 옳은가?'

하지만 한 가지 분명히 달라진 것이 있다. 예전에는 실패를 나를 부정하는 증거로 여겼다면, 지금은 그것을 배움의 단서로 받아들인다. 실패는 끝이 아니라 다음 질문의 시작이라는 사실을 조금은 알게 되었기 때문이다. 삶은 완성된 채로 주어지는 것이 아니라 불완전한 채로 걸어가며 만들어가는 것임을 비로소 깨달았다. 그래서 이제는 '길이 없다'고 생각하는 대신, 이렇게 말한다.

"그렇다면, 내가 그 길이 되면 된다."

하위 1퍼센트에서 시작된
이상하고도 낯선 여정

고등학교 시절 내 성적표에는 늘 비슷한 숫자가 적혔다. 60명 중 58등. 내 뒤에 있던 두 명 중 한 명은 병결, 또 한 명은 시험 시간 내내 엎드려 있다 조퇴했으니 사실상 내가 꼴찌였던 셈이다.

그랬던 내가 현재 머무는 곳은 인공지능 기업이 대거 포진해 있고 차세대 인재 양성에 한몫을 하고 있는 베이징이다. 이 낯선 도시에서 나는 교육과 기술의 접점에 서서 다양한 실험을 이어가고 있다. 표면상으로는 교육 프로젝트를 수행하고 있지만, 이 여정의 진짜 이유는 훨씬 오래된 질문에 대한 답을 찾기 위해서다.

'배운다는 건 무엇인가? 그리고 그것은 누구를 향한 것인가?'

얼마 전 베이징대학교의 강의실에서 학생들을 만났다. 강의를 마친 뒤 몇몇 학생들과 저녁을 함께했다. 그들은 자신들이 기획한 교육 봉사 프로젝트에 대해 조언을 구했고, 나는 스탠퍼드대학교에서 쌓은 경험과 오랜 시간 이끌어온 비영리 교육단체 '시즈오브임파워먼트Seeds of Empowerment'의 여러 사례를 들려주었다. 내게는 가르치기보다 듣는 쪽에 가까운 시간이었고, 대답보다는 질문이 더 많은 자리였다.

지금 나는 베이징을 기점으로 여러 아시아 국가들과 협력해 작은 교육 실험들을 지속하고 있다. 그 사이사이 기술은 상상 이상으로 빠르게 진화하고 있고 그 안에서 인간은 여전히 길을 찾고 있다. 얼마 전에는 카자흐스탄 대통령실의 요청으로 과학고등교육부 장관과 인공지능 정책을 주제로 화상회의를 했다. 카자흐스탄은 새로운 도약을 준비하고 있었고, 그 대화 속에서 나는 교육이 국가전략과 어떻게 연결되어야 하는지에 대해 다시 생각하게 되었다.

이처럼 국경과 언어를 넘나드는 대화들이지만, 그 기저에 흐르는 질문은 언제나 비슷하다.

'우리는 어떻게 살아야 하는가? 그리고 무엇을 다음 세대에 남길 수 있는가?'

나는 베이징에 오기 전에 실리콘밸리에서 24년을 보냈다. 스탠퍼드대학교 교육대학원 부학장Associate Dean이자 최고기술책임자CTO, Chief Technology Officer로 첨단 교육기술과 미래 교육정책을 주도하는 자리에 있었다. 빠름과 효율, 창의와 혁신이라는 이름 아래 세계에서 가장 앞선 아이디어들이 쏟아지는 현장에서 나는 언제나 한 걸음 더 앞서가려 애썼다.

그러나 어느 순간부터 세계를 선도하는 화려한 흐름에 묻혀 우물 안 개구리처럼 살고 있다는 생각이 들었다. 최신의 기술들을 날마다 개발하고 더 많은 지식과 성과를 쌓아갔지만, 그 모든 성취가 채우지 못하는 공허감이 시간이 지날수록 더 짙어졌다. 그러다 문득 스스로에게 물었다.

'지금과 다르게 사는 방식도 가능하지 않을까?'

이 질문은 나를 세상 이곳저곳으로 이끌었다. 그리고 새로운 언어와 문화를 가진 이들과의 대화는 내 생각의 지도를 조금씩 바꾸어 놓았다.

사실 나는 딱히 내놓을 만한 재능을 가진 사람이 아니다. 지금도 새로운 개념 하나를 체득하려면 남보다 오래 붙들고 있어야 하고, 이메일 하나조차 두세 번은 반복해 읽어야 내용이 이해된다. 말을 빠르게 정리하는 능력도 부족하다. 그러다보니 대화를 할 때 천천히 더듬거리며 이야기를 진전시킨다. 기억력도 좋지 않다. 누구를 만나도 몇 번을 마주쳐야만 얼굴이 익숙해진다. 여행 가방을 들고 공항에 도착해서야 출국일이 내일이었다는 걸 깨달은 적도 있다. 초등학생 시절엔 암기력이 약해 자주 혼이 났다. 외우지 못하면 벌을 받았고 그 벌은 곧 학교에 대한 두려움이 되었으며 그렇게 공부는 점점 내게서 멀어져갔다.

그런 내가 지금 이렇게 책을 쓰고 있다. 사람은 성적표의 숫자로 정의되지 않는다. 문제는 속도가 아니다. 그 속도 안에서 무엇을 보고 어떻게 해석하느냐가 문제다. 문제를 빨리 푸는 능력보다 문제를 끝까지 포기하지 않는 태도가 오늘의 나를 만들었다.

그러나 나는 아직도 완성되지 않았다. 또한 나는 완성을 바라지 않는다. 나는 지금도 배우고 있고, 그 배움을 멈추지 않는 한 어디서든 새로운 시작을 할 수 있다고 믿는다.

아버지가 남긴 값진 한마디,
길이 없다고 못 가는 게 아니다

변화는 어느 날 갑자기 오는 것이 아니다. 내 경우에 그 시작은 아버지였다. 아버지는 일제강점기와 한국전쟁이라는 시대의 격랑을 온몸으로 겪어낸 분이었다. 홀어머니를 모시고, 돌아가신 두 형님의 가족까지 보살피며 일평생 한 집안의 무게를 혼자 짊어진 채 사셨다. 그러나 나는 그분의 삶이 불행하다고 생각해본 적이 없다. 아버지는 단 한 번도 고단하다는 말을 하거나 힘들다는 내색을 보이지 않으셨다. 상황이 어려울수록 오히려 더욱 여유롭게 유머 넘치는 모습을 보이셨다.

내가 초등학생이던 어느 날 북한 전투기가 남하했다는 소식이 들렸다. 경계경보가 울렸고 인근 미군 부대에서 들려오는 총성과 사이렌 소리에 나는 덜컥 겁을 먹었다. 그러자 아버지는 창밖을 바라보며 이렇게 말씀하셨다.

"이야, 오늘은 하늘에 뜬 전투기를 직접 볼 수도 있겠는데?"

그 말 한마디에 내 안의 전쟁에 대한 공포는 어느새 하늘을 올려다보는 호기심으로 바뀌었다. 그 말씀 뒤 별일 아니라는 듯 웃으며 대문을 나서시던 아버지의 모습이 지금도 선명하게 기억난다.

아버지가 보이신 태도는 단순한 낙관주의가 아니었다. 그것은 태도 자체가 현실과 삶을 바꾼다는 굳은 믿음이었다. 최악 같은 상황에도 정신을 단단히 붙들고 있으면 결과가 그렇게 나쁘지만은 않다는 것을, 인생은 삶의 여건이 아니라 그 여건에 대한 태도에 달려 있다는 사실을 당신 삶으로 직접 보여주셨다.

밥상머리에서 아버지가 자주 하시던 말씀이 있다.

"인생이라는 게 길이 없다고 못 가는 건 아니다. 길이 안 보인다면 직접 만들면서 가면 된다."

그러고는 늘 이 말을 덧붙이셨다.

"해보지도 않고 그 일에 대해 불가능을 말하는 것만큼 비겁한 건 없다."

그 말들은 내 뇌리에 깊이 남았다. 그렇기에 미국에 가겠다고 말했을 때 아버지가 보인 표정은 내게 조금 의외였다. 아버지의 낯에서 '영어 한 마디 못하는 녀석이 무슨 배짱으로 미국을 가겠다고 하는 거지?' 하는 의구심이 느껴졌다. 하지만 그건 아주 잠깐이었다. 아버지는 이내 이렇게 말씀하셨다.

"미국? 동부가 좋을까, 서부가 좋을까? 텍사스도 크다더라. 너무 춥지도 않고 너무 덥지도 않은 곳은 어디쯤일까?" 말씀을 잇는 동안 아버지의 입가엔 웃음이 빙긋이 맴돌았다. 그러고는 기억에 남는 멋진 영화 속 장면들을 이야기하시다가 마지막에 이렇게 덧붙이셨다.

"해보고 싶다면, 한번 해봐야지."

반대하셔도 갈 생각이었지만, 아버지의 그 한마디는 내게 큰 용기를 주었다. 지금 생각해보면 아버지는 세상 누구보다 단단한 긍정을 품은 분이었다. 그 긍정은 스스로 책임진 삶 위에서만 나올 수 있는 고요하고도 강한 힘이었다.

우리가 겪는 모든 고난은
결국 삶을 이끌어줄 등대가 된다

나는 아버지가 해주신 말씀을 가슴에 품고 마침내 미국행을 결심했다. 하지만 내 결심은 주변의 우려와 충고 앞에서 너무 쉽게 '무모함'으로 규정되었다. 친척은 물론 평소 나를 아끼던 이들까지 말렸다. 그들은 아마 걱정이 되어 말했겠지만 내게는 깊은 상처로 남았다. 그럼에도 나는 떠났다. 나는 나 자신을 믿기로 했다. 내가 길을 만들어야 한다면 가고 싶은 곳을 향해 한 걸음이라도 내디디는 수밖에 없었다.

막상 미국에 도착해서 놀라웠던 것은 그곳 사람들이 나를 바라보는 방식이었다. 한국에서의 성적을 궁금해하는 사람은 아무도 없었다. 어설픈 영어로 느리고 서툴게 말해도 교수님과 친구들은 끝까지 들어주었다. 그리고 아주 작은 성취에도 아낌없는 격려를 건넸다.

그제야 깨달았다. 내 능력이 부족한 건 아무런 문제가 되지 않았다. 나를 막고 있던 것은 내가 나를 바라보는 방식이었다. 외부의 편견보다 그 편견에 흔들려 스스로를 의심하고 깎아내리던 내 마음이 나를 가로막고 있었다.

하지만 그런 깨달음이 왔다고 해서 갑자기 삶이 수월해진 것은 아니었다. 유학 시절 내내 나는 수많은 아르바이트를 해야 했다. 생활비는 물론 학비조차 빠듯했던 탓이다. 중국집의 계산원 겸 배달원, 세차장 종업원, 잡화점 점원, 모텔 야간 카운터 직원까지 무슨 일이든 가리지 않았다.

그러다보니 몸도 마음도 너무 고되었다. 잡화점에서는 동양인이라는 이유로 무시당한 적도 있었고, 모텔 야간 근무를 마치고 곧바로 수업에 들어가기도 했다. 늘 잠이 부족했고, 졸린 눈꺼풀을 억지로 치켜든 채 수업을 듣는 날이 태반이었다. 학교에서 처음으로 프레젠테이션을 하던 날에는 긴장과 피로가 겹쳐 준비했던 말들을 모두 잊어버렸고, 교수님의 질문에도 입을 열지 못한 채 앉아 있었다. 그렇게 무리한 일정 속에서 망가진 허리는 지금도 내 삶의 한구석을 붙잡고 있다.

학생이라는 신분을 벗은 뒤에도 삶은 녹록치 않았다. 인공지능 관련 벤처기업에 투자했다가 큰 손실을 입기도 했고, 신뢰했던 사람에게서 배신을 당한 적도 있었다.

그러나 지금 돌아보면 그 모든 실패와 시행착오들은 결코 헛되지 않았다. 벽에 부딪힐 때마다 나는 한 가지씩 배웠다. 그 배움들이 조금씩 쌓이며 다음 선택을 더 나은 방향으로 이끌어주었다. 당시에는 그 고난들이 견디기 힘든 무게로 느껴졌지만 그 고난들이야말로 어둠 속에서 나를 이끌어준 등대였다.

인생의 변화는 언제나 질문으로 시작한다. 그러나 진짜 변화는 그 질문 앞에서 스스로의 태도를 바꿀 때 비로소 시작된다.

무엇이 희미한 가능성을
명확한 현실로 바꾸는가

나는 작년에 24년간 나를 설명해온 직함 하나를 내려놓았다. 스탠퍼드대학교 교육대학원의 부학장이자 CTO라는 이름이었다. 그 이름은 내게 주어진 것이기도 했지만, 한편으로는 내가 꾸준히 감당해온 무게였다. 그 무게를 벗고 나서야 나는 오래전부터 마음속에 담아두었던 인생의 다음 장을 펼칠 수 있었다. '국경 없는 교육가'의 삶을 마침내 현실로 옮긴 것이다.

스탠퍼드대에 머무는 동안 나는 쉼 없이 달렸다. 인공지능 기반 교육 프로그램을 개발했고 학생들의 창업을 도왔으며 교육공학을 가르치고 실리콘밸리의 기업들과 공동 연구를 진행했다. 그러면서 틈틈이 아프리카와 아시아의 작은 학교들을 찾아다니며 가르침과 배움을 나눴다.

많은 사람이 이제는 좀 여유롭게 지낼 수 있지 않느냐고 묻는다. 하지만 실상은 그 반대다. 요즘 나는 오히려 더 자주 하늘을 날고, 더 분주하게 여러 길을 오간다. 스탠퍼드대 재직 시절부터 이어져온 교육 프로젝트들은 이제 카자흐스탄, 남아프리카공화국 같은 국가 단위로 확대되었다. 덕분에 나는 매주 새로운 도시를 찾아가 교육의 미래에 관해 강연하고, 그곳의 정책가들과 교사들, 학생들과 이야기를 나눈다.

그런 나를 보며 어떤 이는 이렇게 묻는다.

"이렇게까지 된 걸 보면, 원래 머리가 좋았던 거 아닌가요?"

"공부를 안 해서 그렇지, 시작하고서는 다 잘하셨겠죠?"

"미국 유학을 떠났다니 집안 사정이 꽤 넉넉하셨나봐요."

그랬다면 정말 좋았겠지만 사실은 전혀 다르다. 나는 명석한 두뇌를 타고나지 않았고 집안 형편이 넉넉하지도 않았다. 어릴 적에는 형과 누나가 보던 헌책을 물려받아 읽었다. 찢긴 페이지를 스카치테이프로 붙여가며 읽어야 했다. 과외는 생각조차 할 수 없었고 학원 한 번 다닌 적도 없다. 설령 다녔더라도 나아질 성적은 아니었다.

그러나 내게 주어진 단 하나의 귀한 유산이 있다. 바로 아버지께 배운 '태도'다. 세상이 뭐라고 하든 내 삶은 내가 생각하는 방향으로 살아가겠다는 의지, 원하는 것을 이룰 수 있다는 믿음, 불가능 앞에서 고개 숙이지 않는 용기만 있다면 세상에 못 할 일은 없다.

나는 지금도 그것이 희미한 가능성을 명확한 현실로 바꾸는 유일한 힘이라고 믿는다. 그래서 누군가 내게 내 아이들에게 남겨주고 싶은 유산이 무엇이냐고 묻는다면, 돈도 명예도 아닌 삶을 대하는 주체적인 태도라고 말하고 싶다.

부모나 타인이 보기에 괜찮은 삶이 아니라 내가 원하고 지키고 싶은 가치 있는 삶, 그 속에 깃든 고유함이 결국 가장 확실한 자산이 된다.

당신의 이야기는 달라질 것이다
포기하지만 않는다면

혹시 이 책을 펼친 당신도 마음이 어둡고 막막한가? 남들은 다 잘 사는 것 같은데 나만 뒤처지는 것 같고, 무엇을 해도 안 될 것 같고, 앞이 보이지 않아 답답한가?

나도 그랬다. 그러나 하나만은 분명히 말할 수 있다. 당신이 지금 겪고 있는 두려움과 불안이 바로 변화의 시작이다. 사람은 편안하고 안정된 곳에 있을 때 굳이 변하려고 하지 않는다.

모든 조건이 완벽하게 갖춰져 아무 시련 없이 잘 풀리기만 하는 인생은 없다. 누구나 어떤 형태로든 위기를 만난다. 크고 거센 파도일 수도 있고 때로는 사소한 걸림돌일 수도 있다. 그럴 때 우리가 직접 선택할 수 있는 부분은 생각보다 많지 않다. 그러나 단 하나 선택할 수 있는 것이 있다. 인생을 대하는 태도다. 그리고 그 태도가 우리가 원하는 곳에 도달하게 하는 유일한 열쇠다.

나는 이 책에서 거창한 성공 비법을 말하려는 것이 아니다. 그런 비법은 내게 없다. 대신 꼴찌였던 내가 어떻게 하나씩 실패를 극복하며 여기까지 왔는지, 그 과정에서 어떤 태도가 도움이 되었는지를 그대로 전하고자 한다.

무엇보다 나는 당신이 자신만의 길을 정의하길 바란다. 이미 정해진 틀에 갇히지 말고, 남이 걸어놓은 길을 답습하지 말고, 당신만의 가치를 찾고 비전을 세워보면 어떨까? 조용히 자신과 대화하다 보면 마음 깊은 곳에서 진정으로 원하는 모습이 드러날 것이다. 삶의 태도를 굳건하게 지키려면 끊임없이 자신을 새롭게 정의하고 갱신해야 한다. 그렇게 해야 중심을 잃지 않는다.

완벽한 답은 없다. 나 역시 여전히 배우는 중이다. 하지만 한 가지는 확신할 수 있다. 포기하지 않는다면, 당신의 이야기는 반드시 달라질 것이다.

이 책은 내가 지난 세월 속에서 얻은 작은 깨달음을, 원하는 삶을 살아가고자 하는 이들과 나누기 위해 쓰였다. 특히 급변하는 시대 속에서도 나다움을 잃지 않고 의미 있는 삶을 이루고자 하는 이들에게 이 책이 작은 원동력이 되어주길 바란다.

차례

프롤로그
나만 뒤처진 것 같아 불안한, 앞길이 보이지 않는 이들에게 5

1장
원하는 삶을 만드는 해답은 내 안에 있다
: **초자기주도력** Hyper-Self-Leadership

원하는 삶을 위해 오늘 어떤 용기를 내었는가 25
'당신은 어떤 사람인가'에 동사로 답하다 33
나의 가능성을 MBTI라는 틀에 가두지 마라 45
미래는 내가 그려낸 상상의 크기만큼 펼쳐진다 54
인생의 방향을 알고 싶다면 가정적 질문을 던져라 63
매일의 기록이 쌓여 나만의 길이 시작된다 72

2장
안정적인 길을 거스를 용기가 있는가
: 이방인 마인드 Outsider Mindset

어디에서든 자유롭고 행복한 이방인처럼 살라 83
누구나 없는 길을 만드는 혁신가가 될 수 있다 89
나다운 삶엔 고독이 따를 수밖에 없다 97
더 많은 기회의 문을 여는 창업가 마인드 102

3장
무작정 살기보다 나만의 'WHY'를 찾아라
: 목적의식 Sense of Purpose

결국 삶을 이끄는 것은 선명한 목적의식이다 113
인생은 짧디짧은 '대시(-)'로 축약된다 118
나는 좋아하는 일만 하며 살겠다 123
세상을 바꾸는 혁신은 진정성에서 시작된다 135

4장

기꺼이 무모할수록 인생은 선명해진다

: 성장동력 Growth Engine

두려움 속으로 돌진하게 하는 성장동력 145
세상을 만지고 주물러 숨겨진 내 역량을 찾아라 156
지금 당장 할 수 있는 일부터 하라 166
나만의 속도로 경험하는 매일의 작은 성공 172

5장

완벽하게 준비된 내일은 결코 오지 않는다

: 초긍정 실행력 Hyper-Positive Execution

인생 최고의 생존 전략, 초긍정성 183
작은 미소가 불가능을 가능으로 바꾼다 190
부정적인 말들에 갇히면 내 가능성도 꺾이고 만다 196
낯선 사람에게는 일단 100점을 주고 시작하라 204
아무것도 하지 않으면 아무 일도 일어나지 않는다 219

6장
긍휼한 마음으로 우리는 서로 연결된다
: 세계시민의식 Global Citizenship

21세기의 필수 교양, 세계시민의식 229
타인을 향한 긍휼한 마음이 세상을 바꾼다 238
인공지능시대에 세계시민으로서 갖춰야 할 6C 246
준비된 자에겐 반드시 은인이 연결된다 255

7장
인생을 완성해가는 건 결국 플랜 B다
: 자기회복력 Self-Resilience

수많은 플랜 B 없이는 플랜 A에 이를 수 없다 267
당신은 얼마나 많이 도전하고 실패했는가 276
낯선 길에서만 마주할 수 있는 진정한 배움 282
좋은 태도는 결국 건강한 몸에서 비롯된다 287

1장

원하는 삶을 만드는 해답은 내 안에 있다

초자기주도력
Hyper-Self-Leadership

남의 시선을 의식한 것이 아닌, 내 마음 깊은 곳에서 뿌듯하게 고개를 끄덕일 수 있는 나에 대한 정의를 오늘부터 다시 써내려가라. 내 인생의 주도권을 다시 쥐는 것, 초자기주도적인 삶을 용기 있게 선택하는 것이야말로 진짜 '나다움'이다. 물론 처음엔 변화가 미비할 수 있다. 새로운 길을 만드는 일은 언제나 불안하다. 하지만 당신만의 'do'가 하나둘 쌓이다 보면 언젠간 당신이 꿈꿔왔던 바로 그 모습의 자신과 만나게 될 것이다.

원하는 삶을 위해
오늘 어떤 용기를 내었는가

몇 해 전이었다. 한국의 한 여학생에게서 이메일 한 통을 받았다. 그녀는 실리콘밸리에 있는 드레이퍼대학교의 창업 캠프에 참여 중이며 학생들을 위한 진로상담 앱을 개발하고 있다고 자신을 소개했다.

그보다 더 인상 깊었던 건 그녀가 내게 메일을 보낸 계기였다. 얼마 전 우연히 내 세미나 영상을 보게 되었는데, 거기에서 내가 "퀴즈를 맞힌 사람에게 경비행기를 태워주겠다"라고 말하는 장면을 봤다고 했다. 영상이 올라간 지 벌써 여러 해가 지났기에 그 약속이 아직 유효할까 반신반의했지만 나를 만나고 싶다는 마음 하나로 용기를 내 메일을 썼다는 것이다.

창업의 메카라 불리는 실리콘밸리를 그것도 사회 경험이 거의 없는 나이에 혼자 찾아왔다니 그 자체로 내 궁금증을 자아내기에 충분했다. 이 정도 열의를 지닌 사람이라면 꼭 한 번 만나봐야겠다는 생각이 들어서 곧바로 답장을 보냈다. 이런저런 질문과 생각을 주고 받다 보니 자연스럽게 만날 약속을 잡게 되었고 우리는 바로 그다음 주에 마주 앉았다.

남다를 게 없는 평범한 삶을
'Only One'의 삶으로 바꾸고 싶다면

나는 그녀를 경비행기에 태워 샌프란시스코 상공을 함께 날았다. 끝도 없이 펼쳐진 실리콘밸리의 풍경 위로 작은 비행기가 천천히 나아갔다. 그녀는 창밖을 바라보며 연신 "와…" 하고 탄성을 터뜨렸다. 어떤 말도 필요 없는 순간이었다.

비행을 마친 뒤 중간 활주로에 착륙해 경비행기 전용 햄버거 가게에 들렀다. 한쪽 구석에 자리 잡고 앉아 햄버거를 먹으며 우리는 많은 이야기를 나누었다.

스물을 갓 넘긴 그녀는 생각보다 훨씬 단단한 서사를 가지고 있었다. 그녀는 초등학교를 졸업한 다음 중·고등학교 과정을 검정고시로 마쳤다고 했다. 학교라는 제도보다는 스스로 배우는 방식이 자신에게 더 잘 맞다고 느꼈고, 그 과정에서 때로는 주변의 시선에 주저하기도 했지만 자신만의 길을 만들어가기 위해 다른 선택을 해왔다고 말했다. 그 결과 진로상담 앱을 개발하는 중이고, 창업 아이디어로 한 기관의 지원을 받아 드레이퍼대학교 창업캠프에 참여할 수 있었다고 했다. 처음 기획서를 쓰고 영어로 이메일을 보내고 발표도 준비하면서 세상과 조금씩 연결되는 경험을 했다고 덧붙였다.

하지만 그녀는 여전히 마음 한편에 불안감이 있었다. 이곳에서 마주치는 사람들과 비교하면, 자신의 학력이나 경험이 한없이 부족하게 느껴진다고 했다.

나는 그녀에게 60번의 도전 끝에 결국 목표를 이룬 내 제자의 이야기를 들려주었다. 실패만 59번 거듭한 끝에 마침내 도약의 문을 연 연구생의 이야기였다. 그 이야기와 함께 끝이 보이지 않는 터널 같아도 멈추지 않고 나아가다 보면 언젠가는 빠져나오게 되어 있다는 말을 덧붙였다.

그녀는 흔한 길을 따라가는 대신 자신만의 삶을 살기 위해 없는 길을 직접 만들어 걷고 있었다. 없는 길을 직접 만들어서 가려니 힘들 수밖에 없고 헤매는 것이 당연하다. 하지만 이미 그녀는 자신만의 'Only One'의 삶을 향해 움직이고 있었고 그것만으로도 충분히 특별했다.

마지막으로 나는 이렇게 말했다.

"지금 당신은 누구와도 바꿀 수 없는 당신만의 삶을 살고 있어요. 그 길이 아직 완성되지 않았더라도 분명히 잘 가고 있는 중이에요."

나는 이런 태도, 즉 길이 없으면 만들어서 간다는 자세를 '초超자기주도력'이라 칭한다. 정해진 경로를 따르는 대신 스스로의 가치와 방향을 먼저 세우고 움직이는 힘. 그 힘은 앞으로 나만의 직업을 스스로 만드는 '창작'이 필요한 인공지능시대에 더욱 중요해질 것이다.

사실 지금은 오히려 정해진 길이 더 위험한 시대다. 소위 말하는 전문직들이 인공지능에 밀려 속속 사라지는 요즘, 기존의 틀에 맞춰 살다 보면 언젠가 방향을 잃고 말 것이다.

기존의 플랫폼을 찾기보다
스스로 새로운 플랫폼이 되어라

한때 나는 원하는 삶을 살기 위해서는 여러 플랫폼을 통과해야 한다고 생각했다. 학교, 직장, 거주지, 전공 분야, 소속 조직 등 내 주변의 모든 것이 일종의 플랫폼이고, 그것들을 발판 삼아 다음 단계로 넘어가는 게 삶의 수순이라고 생각했다. 그렇게 하지 않으면 한 플랫폼에 발이 묶여 도태될 것 같았다.

하지만 최근 들어 그 생각에 의심이 들었다. 꼭 기존의 플랫폼에 올라타야만 하는 걸까? 세상이 정한 플랫폼에 몸을 싣지 않으면 원하는 것을 이루지 못할까? 그런 의문 끝에 이제는 오히려 나 자신이 '새로운 플랫폼'이 되어야 한다는 쪽으로 생각이 기울었다. 세상은 더 이상 과거의 공식대로 움직이지 않는다. 몇 해 전만 해도 각광받던 직업이 하루아침에 사라지는가 하면, 이름조차 생소한 새로운 일이 하루가 멀다 하고 생겨난다. 어떤 이들은 기존의 직업군이 아닌 스스로 일을 만들어가는 창직의 길로 나서고 있다.

틱톡커, 디지털 노마드, 메타버스 디자이너, 인스타툰 작가, NFT 아티스트, 프롬프트 엔지니어, 디스코드 커뮤니티 매니저 등 불과 10년 전만 해도 이름조차 없던 직업들이 성장 가능성이 높은 유망 직군으로 등장했다. 기존 공식을 뒤엎고 변화에 적극적으로 대응한 결과 새롭게 탄생한 플랫폼이다. 이처럼 세상은 분명히 바뀌고 있다. 플랫폼도, 직업도, 삶의 궤적도 이제는 정해진 길을 따르지 않아도 된다.

그렇다면 중요한 건 '지금 내가 어디에 속해 있느냐'가 아니라 '나는 어떤 방향을 향하고 있느냐'다. 내 삶의 목적과 방향이 뚜렷하다면 기존의 플랫폼에 머물든 아니면 어디에도 속하지 않든, 나라는 존재는 스스로 빛을 내기 마련이다. 결국 삶의 플랫폼은 선택하는 것이 아니라 내가 직접 디자인하는 것이다.

스스로 새로운 플랫폼이 된다는 건 용기를 필요로 한다. 그리고 그 용기의 밑바탕에는 자기 인생을 직접 이끌어가겠다는 초자기주도력이 있어야 한다. 초자기주도력을 가진 사람은 자신이 있는 환경이나 직장 같은 외형에 자신을 맞추는 것이 아니라 자신의 가치와 방향에 맞게 그 외형을 다시 설계한다.

돌이켜보면 나 역시 그런 길을 걸어왔다. 스무 살에 한국을 떠나 미국이라는 낯선 땅으로 가 환경을 새롭게 만들었다. 컴퓨터공학을 전공했지만 교육의 본질에 관심이 생겨 당시에는 생소했던 '교육공학'으로 방향을 틀었다. 이후 20년 넘게 세계 곳곳을 돌아다니며 기술을 통해 교육을 바꾸는 일을 해왔다. 기존 교육대학원에서는 찾아볼 수 없었던 혁신적인 연구팀을 구성했고, 다양한 솔루션을 상상했으며, 실제로 만들어내기도 했다. 그렇게 나는 나만의 단단한 플랫폼으로 거듭났다.

어떤 직책이나 경력보다 더 강한 플랫폼은 바로 그런 태도에서 시작된다. 무언가를 따르기보다 스스로 만들어가겠다는 마음. 그 마음이 새로운 플랫폼을 탄생시키고, 또 그렇게 만들어진 플랫폼이 다른 사람에게 영감이 된다. 세상이 흔들릴수록 내가 플랫폼이 되어야 한다. 그렇게 만들어진 플랫폼은 내게 머무르지 않고 다른 이들의 발판이 되어 새로운 길을 열어주는 토대가 된다.

스탠퍼드대생에게 내어준 과제, '나만의 열정 프로젝트'

스스로 플랫폼이 되는 여정에는 용기가 필요하다. 더 깊이 배우고 성장하기 위해선 장소, 관계, 습관, 관념 등 내 삶을 구성하는 익숙한 것들을 과감히 흔들 용기가 있어야 한다. 하지만 용기만으로 충분하지는 않다. 그 방향으로 한 걸음씩 나아가기 위한 지속적인 자기 훈련이 따라야 한다. 삶은 하루아침에 바뀌지 않기에 그 변화의 흐름을 이어가기 위해서는 끊임없이 스스로를 점검하고 갱신하는 훈련이 필요하다.

내가 스탠퍼드대학교 교육혁신기술센터에서 만들었던 독특한 문화 역시 그런 초자기주도적 훈련을 위한 작은 실험이었다. 나는 랩에 소속된 모든 학생에게 자신의 시간 중 15퍼센트를 떼어 '나만의 열정 프로젝트'에 몰입하게 했다. 세상에 아직 존재하지 않는 무언가를 상상하고 작게라도 시도해보는 것이 그들의 과제였다. 이 프로젝트는 매달 한 번씩 발표하는 형식으로 이어졌다. 매번 더 나은, 더 혁신적인, 더 열정적인 아이디어를 발표하다 보니 자연스레 학생들 사이에서 질문이 생겨났다.

"어떻게 하면 더 나은 아이디어를 낼 수 있을까?"

"저 친구의 아이디어보다 더 창의적인 접근은 무엇일까?"

이런 질문들은 누구도 강요하지 않았지만 어느새 모두의 생각에 깊숙이 뿌리를 내렸다. 그 질문은 탐색이 되었고 탐색은 곧 학습과 실천으로 이어졌다. 자기 발표 차례가 돌아올 때까지 끊임없이 찾고 배우고 실험하는 문화가 자연스럽게 자리 잡았다.

한편으로는 실리콘밸리에서 막 피어난 여러 스타트업의 솔루션을 가장 먼저 사용해보는 일도 마다하지 않았다. 지금은 글로벌 플랫폼이 된 줌Zoom도 한때는 작은 스타트업이었다. 우리는 그들이 만든 화상 회의 시스템의 초기 테스터가 되어 오류를 찾고 피드백을 주고 새로운 아이디어를 제안했다. 이런 자발적 참여를 통해 우리는 기술의 진화가 어디로 향하는지, 대다수가 아직 체감하지 못한 미래의 결을 조금은 먼저 감지할 수 있었다.

그때 내 옆에 있던 젊은 연구자들이 지금 어떤 플랫폼 위에 있는지는 알 수 없다. 그러나 하나는 분명하다. 자신만의 길을 직접 만드는 삶, 누군가의 기준이 아닌 자신의 기준으로 사는 삶이 얼마나 보람되고 즐거운 일인지 그들은 분명히 깨달았을 것이다.

질문은 늘 삶의 전환점이 된다. 나도 자주 스스로에게 묻는다.
"이걸 시도해보면 어떨까?"
"다른 방향으로 접근하면 어떤 결과가 나올까?"
"어떻게 하면 나만의 고유한 가치를 만들어낼 수 있을까?"

때로는 아무런 답이 떠오르지 않는다. 하지만 질문을 멈추지 않는 한 삶은 언제든 방향을 틀 수 있다.

오늘 당신은 어떤 질문을 품었는가? 그리고 그 질문을 향해 어떤 작은 용기를 내보았는가? 그 작지만 끈질긴 용기가 당신을 세상에 단 하나뿐인 플랫폼으로 이끌어줄 것이다.

'당신은 어떤 사람인가'에 동사로 답하다

미국 유학 시절, 학부에서 컴퓨터를 전공한 나는 대학원에 진학해 교육공학을 공부했다. 어렵사리 석사를 마치고 박사과정 중에 진행한 한 발표에서 뜻밖의 인연이 시작되었다.

내가 발표한 주제는 '가상현실을 활용한 미래의 교육환경'이었다. 인터넷은커녕 개인용 컴퓨터조차 제대로 보급되지 않았던 1990년대 상황에 그런 주제를 논하는 일은 낯설고 대담한 시도였다.

솔직히 말하면 내 발표는 완벽하지 않았다. 충분히 준비했지만 아직 익숙하지 않은 영어로 개념을 설명하는 일은 쉽지 않았다. 중간중간 단어가 떠오르지 않아 말을 멈춘 순간이 꽤 있었고, 설명한 마디를 마무리 지을 때마다 '제대로 전달됐을까?' 하는 의구심이 들었다.

그런데 발표가 끝난 직후 한 사람이 조용히 다가왔다. 그는 당시 미국 최대 온라인 대학교인 피닉스대학교의 부총장 마크였다. 그는 내 발표에 깊은 인상을 받았다며 곧장 피닉스대학교의 고위 직책을 제안했다. 너무 당황스러웠다. 나는 아직 박사과정 중인 학생이었고 미국에서 일을 하려면 취업 비자 등 복잡한 절차를 거쳐야 했기 때문이다.

조심스레 그런 상황을 설명하며 사양하려 하자 마크는 내 말을 끊고 가만히 물었다.

"Who are you?"

순간, 대답이 망설여졌다. 억지로 평정을 유지하며 말했다.

"저는… 폴 김입니다."

그러자 그는 미소 지으며 말했다.

"아니요, 그건 당신의 이름이죠."

대화는 점점 알 수 없는 방향으로 흘러갔다. '스카우트를 먼저 제안하고 지금은 면접을 보는 건가? 미국식 채용 방식이 이런 것인가?' 하는 생각이 들기도 했다.

내가 당황해 머뭇거리자 마크는 천천히 다시 입을 열었다.

"You are what you do."

그는 설명했다. 국적도, 학위도, 지금의 신분도 중요하지 않다고. 무엇보다 중요한 건 '지금 이 순간 당신이 무엇을 하고 있는가'라는 사실이라고 했다. 그리고 이렇게 덧붙였다.

"지금 우리 대학교에는 미래를 바라보며 새로운 기술을 두려움

없이 받아들일 수 있는 사람이 필요합니다. 그리고 방금 당신의 발표는 당신이 바로 그런 사람이라는 걸 증명했습니다. 그거면 충분합니다."

삶은 끊임없이 나를 갱신해가는 과정이다

앞서 말했듯이 그날의 발표는 내가 봐도 신통치 않았다. 영어 실력의 한계로 전달하고자 했던 내용을 다 말하지 못했고 단어가 떠오르지 않아 몇 번이나 버벅거렸다. 청중의 질문에도 명쾌하게 답하지 못한 부분이 있었다.

그런데 마크는 그런 표면적인 것을 주목하지 않았다. 그가 본 것은 지금 내가 어떤 생각을 하고 있는가, 그 생각을 어떻게 실천에 옮기고 있는가 하는 점이었다. 가상현실이라는 당시에는 낯선 기술을 교육과 접목시키겠다는 발상, 아직 존재하지 않는 미래의 학습 환경을 상상해내는 상상력 그리고 그것을 단지 머릿속에만 두지 않고 실제로 구현하려 애쓰는 태도. 그것이 나라는 사람을 설명해주는 증거가 되었던 것이다.

그가 내게 했던 말이 지금도 또렷하게 기억난다.

"'What you've done'도 아니고, 'What you will do'도 아닌 'What

you do', 즉 지금 당신이 하고 있는 바로 그것이 당신입니다. 과거에 무엇을 이뤘는지, 미래에 무엇을 할 수 있을지도 분명 의미 있는 일이지만, 결국 한 사람을 말해주는 건 현재의 생각과 그 생각에 따르는 지금의 행동입니다."

그날 이후 나는 나에 대한 잣대를 바꾸게 되었다. '나는 어떤 사람인가'라는 질문에 대해 답할 때 더 이상 과거의 이력이나 미래의 포부에 기대지 않게 되었다.

과거의 실패는 자양분이고 과거의 성공은 지나간 이력일 뿐이다. 둘 다 지금의 나를 보증해주지 않는다. 다시 말해 "나는 예전에 이런 사람이었어"라는 말은 지금의 나를 설명할 수 없다.

삶은 끊임없이 지금의 나를 갱신해가는 과정이다. 오늘의 삶을 현재형으로 살아내지 않으면, 시간은 삶 전체를 과거형으로 만들어버린다. 그래서 나는 오늘도 스스로에게 묻는다.

"지금 나는 어떤 생각을 하고 있는가?"

"그 생각은 어떤 행동으로 이어지고 있는가?"

이 두 질문에 떳떳이 답할 수 있다면 당신은 어제보다 나은 오늘을 살고 있는 것이다.

'나'는 명사가 아닌 동사로, 지금 무엇을 하고 있는가로 정의된다

우리는 종종 자신을 다른 사람의 기준에 맞춰 설명하려 한다. 사회가 '권위'라고 이름 붙인 것들, 예를 들어 명문대 이름, 굵직한 회사 로고, 남들이 고개를 끄덕일 만한 직함 정도는 있어야 스스로도 안심이 되고 다른 사람들에게 인정받을 수 있다고 생각한다.

자기소개를 할 때 "나는 ○○입니다"라고 시작하는 것도 그런 심리에서다. '○○'를 채울 명사가 곧 나라는 사람을 설명해준다고 생각하는 것이다. 하지만 나는 시간이 지날수록 점점 확신하게 되었다. '나'라는 존재는 고정된 명사 하나로는 설명되지 않는다는 사실을. 나를 가장 정확히 말해주는 건 내 이름이나 직함이 아니라, 그 순간순간 내가 어떤 생각을 하고 어떤 행동을 하고 있는가를 나타내는 '동사들'이었다.

스탠퍼드대에서의 직함은 누군가에게는 꿈일 수도 있고 명예로운 것일 수 있지만, 이 명함 한 장이 나라는 사람을 다 설명할 수 없었다. 마찬가지로 반에서 늘 꼴찌였던 어린 시절의 나 그리고 국경 없는 교육가라고 불리는 지금의 나, 그 어느 하나도 내가 누구인지를 온전히 정의하지는 못한다. 나는 지금 품고 있는 생각들과 그것을 행동으로 옮기는 순간들 속에서 진정한 나를 발견할 수 있었다. 나는 점점 명사가 아닌 동사로 나를 설명하고 싶어졌다. '무엇을 하고 있는 사람인가라는 질문 앞에 설 때마다 과거의 이력이나 미래의 계획은 잠시 뒤로 물러섰다. 그 질문이 내가 어떤 사람인지를 점점 선명하게 만들어주었다.

하지만 이 깨달음에 이르기까지는 많은 시간이 걸렸다. 특히 유학 시절 영어가 서툰 나는 끊임없이 자신을 증명해야 했다. 누군가 내게 너는 누구냐고 물으면 재빨리 적절한 타이틀을 찾아 꺼내 보였다.

"저는 박사과정 중입니다, 교육공학을 전공합니다, ○○○에 대한 연구를 하고 있습니다…"

하지만 그런 말들이 진짜 나를 설명해주었을까? 그때마다 마음 한구석이 찝찝했다. 이 말들이 과연 내가 누구인지 정확하게 전달하고 있을까 하는 의문이 들었다.

그러다 마크를 만났고 그가 내게 건넨 한마디 "You are what you do"가 내 안에 파문을 일으켰다. 그는 내가 어디 출신이며 무엇을 했는지 묻지 않았다. 그저 당신은 지금 무엇을 하고 있느냐는 질문만 남겼다. 그리고 그게 전부라고 말했다.

그 후로 나는 나를 향한 질문에 더 이상 과거형으로 답하지 않았다. 어느 학교를 나왔고, 무엇을 전공했으며, 어떤 직장을 거쳤는지는 단편적인 정보일 뿐 본질과 거리가 멀다는 걸 알았기 때문이다. 대신 스스로에게 이렇게 묻기 시작했다.

"나는 지금 무엇에 몰두하고 있는가?"

"어떤 가치에 반응하고, 무엇을 위해 행동하고 있는가?"

과거에 어떤 실패를 했든 어떤 영광을 누렸든 거기에 너무 오래 머물면 더 이상 성장하지 못한다. 공부도 못하고 영어도 더듬던 내가 국경을 넘나들며 교육 혁신 프로젝트를 이끄는 것도 오직 현재에 충실했기 때문이다. 실패든 성공이든 과거의 모습에 사로잡혔더라면 지금의 나는 없었다. 오늘의 폴 김은 스스로에게 질문을 던지고 나만의 길을 만들어가는 데 주저하지 않았던 작은 용기들의 총합이다.

나는 매 순간 용기를 내 안전하고 정답이 정해진 길보다 낯설지만 스스로에게 의미 있는 길을 끊임없이 물었다. 그리고 진심을 다하는 작은 '행동'들로 조용히 그에 대한 답을 써내려가고 있다. 오늘의 나를 증명하는 건 결국 지금 이 순간 내가 선택한 동사라는 걸 알기 때문이다.

작지만 분명한 변화를 원한다면
새로운 길을 직접 그려나가라

정말 원하는 것을 이루기 위해 동사형으로 일상을 살기 시작하면 삶의 결이 달라진다. 정해진 틀을 좇지 않고 새로운 길을 직접 그려나가는 일이 자연스러워진다. 내 경우 스탠퍼드대에 합류하며 아예 창직을 했다. 공식 직함은 '스탠퍼드대학교 교육대학원 부학장이자

CTO'였다.

교육대학원에 CIO도 아니고 CTO라는 직함이 생긴 건 처음이었다. 기업이라면 모를까 교육기관에서 기술 혁신 책임자를 둔다는 게 누군가에겐 다소 이질적으로 느껴질지 모르지만, 나는 교육도 기술처럼 끊임없이 실험하고 재설계해야 한다고 생각했다. 그래서 교수 회의에서 CTO라는 직함을 직접 제안했다. 일부 교수는 손뼉을 쳐주었지만 모두에게 환영받지는 못했다.

"교육대학원에 그런 직책이 정말 의미가 있습니까?"

"왜 자꾸 혼자서 튀려고 하지?"

날카로운 시선도 적지 않았다. 그 뒤로도 내가 무언가를 새롭게 시작할 때마다 교내 곳곳에서 의심과 시기의 눈길이 따라왔다. 외부 활동에 대해서는 더 큰 반감이 따라왔다. 사우디아라비아에서 국립 온라인 러닝센터를 론칭했을 때, 오만에서 새로운 대학을 설계했을 때, 두바이에서 미래형 대학교 프로젝트팀을 출범했을 때, "그래서 그 일로 얼마나 받았대?"라는 말이 들려오는 것 같았다. 차라리 직접 물었더라면 설명이라도 해볼 텐데, 달갑지 않은 시선으로 흘끔거리니 무척 답답했다.

때때로 마음이 흔들려 스스로에게 묻기도 했다.

'내가 너무 별난 짓을 하는 걸까?'

'그냥 강의만 하고 논문이나 쓰면서 조용히 지내는 게 낫지 않을까?'

하지만 나는 멈추지 않았고, 오히려 그 질문들 덕분에 내 발걸음은 더 또렷해졌다.

그렇게 마음을 다잡으며 계속해서 나는 새로운 직책들과 프로그램들을 하나씩 만들어갔다. 혁신 수업을 꾸준히 개설하고 기술 기반 솔루션을 개발하며 특허를 출원했고, 교육 관련 스타트업을 시도하는 학생들을 기술적으로 돕고 투자자들과 연결시켜주는 프로그램도 만들었다. 학부생들이 사회적 취약계층을 위한 교육 프로젝트를 기획할 때는 사비로 기금을 마련해 그들을 도왔다. 대학원생들과 함께 설립한 비영리 교육단체 시즈오브임파워먼트를 통해 장학금 프로젝트도 운영했다. 돌이켜보면 대부분의 프로젝트가 외부 펀딩 없이 운영되었다. 대학교에서 교수 개인이 자신의 자금을 들여 운영하는 교육 프로젝트는 흔치 않다. 하지만 나는 그렇게 하고 싶었다. 내 신념이었고 내 동사들이었다.

그런 동사형 행보로 대학 울타리를 넘어 전지구적 수업을 진행하기도 했다. '새로운 교육환경 디자인Designing a New Environment'이라는 주제의 'MOOCMassive Open Online Course' 수업이었다. 온라인을 통한 대규모 공개 수업으로, 한 학기 동안 전 세계 170개국에서 2만여 명의 학생과 함께 수업을 진행했다. 교실은 스탠퍼드대 캠퍼스가 아니라 탄자니아의 한 시골 학교를 비롯한 세계 곳곳이었다. 강의실 대신 휴대전화 하나로 세상 어디서든 교육이 가능하다는 것을 몸소 보여주고 싶었다. 이 무모한 도전이 언젠가 또 다른 문을 열어줄 거라고 확신했다.

그뿐만이 아니다. 실리콘밸리의 에듀테크기업 리더들과 벤처투자자들을 초청해 교육대학원 특임교수로 임명하고 'EIR~Entrepreneur in Residence~'이라는 새로운 직함을 부여했다. 그들과 함께 스탠퍼드대학교 경영대학원과의 연계 수업을 개설하고 교육대학원에 자체 벤처투자 프로그램도 만들었다.

기업에서 성공했다고 대학 수업을 잘하는 것은 아니기 때문에 그들과 함께 커리큘럼과 강의안을 만들고 평가 방법을 고민하며 수업의 질을 놓치지 않으려 애썼다. 또한 스탠퍼드대 디스쿨~D.school~과 손잡고 혁신 솔루션 디자인 수업을 개설해 학부생과 대학원생이 함께 수강하면서 세계 교육의 사각지대 문제를 해결할 아이디어를 고민하도록 했다.

이렇게 나는 스탠퍼드대에 없던 직책과 수업 그리고 문화를 만들었다. 기존 방식으로는 감히 상상하지 못할 시도들이었고 종종 무모하다는 평가를 받았다. 하지만 그 무모함이 결국 수많은 이의 삶에 작지만 분명한 변화를 만들어냈다.

지금도 나는 "왜?", "굳이?", "그게 되겠어?"라는 말을 듣는다. 그럴 때면 조용히 웃는다. 내가 제대로, 바른 방향으로 가고 있구나 싶어서다.

나만의 'do'를 거듭할 때
비로소 꿈꾸던 내가 될 수 있다

하루가 다르게 급변하는 세상에서 그 변화에 가장 강력하게 대응할 수 있는 무기는 '나다움'이다. 나는 학생들에게 늘 이렇게 이야기한다.

"성공 공식을 무턱대고 따라가지 말고, 가장 '나다운' 일을 찾아 그 일에 매진하라."

거창하지 않아도 좋다. '내가 바라는 나'가 되기 위해 오늘 해야 할 일에 집중하는 것, 그것으로 충분하다. 나 자신을 명사가 아니라 동사로 정의하면 삶은 무한히 변화할 수 있는 가능성의 장으로 확장된다. 어제의 내가 마음에 들지 않는다면 오늘의 행동이 그것을 고칠 수 있다.

완벽하지 않아도 된다. 서툴어도 괜찮다. 지금 이 순간 내가 어떤 마음으로 어떤 행동을 하고 있느냐가 '나'를 새롭게 정의한다는 사실을 잊지 않는다면 말이다.

나라는 사람은 과거의 행적도 미래의 가능성도 아닌, 바로 '지금 내가 하는 행동'으로 정의된다. 사람마다 타고난 재능과 기질은 다르고 그 재능이 빛을 발할 수 있는 무대 역시 다르다. 그러나 그 무대는 과거의 성공이나 실패에 집착해서도, 막연한 미래를 기다려서도 발견할 수 없다. 진정 나다워지는 순간은 내가 지금 어떤 선택을 하고 어떤 행동을 하느냐에 달려 있다.

"나는 지금 어떤 사람인가? 지금 무엇을 하고 있는가?"

이 질문 앞에서 진지해지는 순간 우리는 비로소 자신의 가능성과 방향을 정면으로 마주하게 된다.

마크가 내게 던졌던 질문을 나는 다시 당신에게 던지고 싶다.

"Who are you?"

당신은 누구인가? 여전히 누군가가 제시한 '성공의 정답'을 쫓고 있는가? 아니면 자기만의 '창직'을 감행하며 올바른 내 자리를 찾고 있는가? 매일 같은 일을 반복하고 있는가? 아니면 어제와 다른 오늘을 살고 있는가?

남의 시선을 의식한 것이 아닌, 내 마음 깊은 곳에서 뿌듯하게 고개를 끄덕일 수 있는 나에 대한 정의를 오늘부터 다시 써내려가라. 내 인생의 주도권을 다시 쥐는 것, 초자기주도적인 삶을 용기 있게 선택하는 것이야말로 진짜 '나다움'이다.

처음엔 변화가 미비할 수 있다. 새로운 길을 만드는 일은 언제나 불안하다. 하지만 당신만의 'do'가 하나둘 쌓이다 보면 언젠간 당신이 꿈꿔왔던 자신과 만나게 될 것이다.

그리고 그때 당신은 알게 될 것이다. 당신을 만드는 것은 수많은 계획이나 목표가 아니라, '지금'이라는 시간 속에서 하루하루 묵묵히 만들어 온 '당신만의 동사'였다는 사실을.

나의 가능성을 MBTI라는
틀에 가두지 마라

처음 만나는 한국 사람과 이야기를 나누면 종종 MBTI가 무엇이냐는 질문을 받는다. 이때 MBTI는 서로에게 '내면의 자화상'처럼 작동한다. 네 자리의 알파벳을 듣는 순간 사람들은 마치 상대를 꿰뚫은 듯 고개를 끄덕인다. '아, 이 사람은 이런 유형이구나.' 일면 명쾌하게 보이지만 나는 이런 식의 정의가 조금 불편하다. "나는 어떤 사람인가"라는 물음이 "나는 이런 유형이다"라는 단정으로 바뀌는 순간 우리는 자신에게 가장 단단한 족쇄를 채우게 될지도 모른다.

몇 해 전 나도 재미 삼아 성격유형 검사를 해본 적이 있다. 결과는 INTP. 결과지를 읽어보면 어느 부분은 맞는 것 같고 또 어떤 부분은 별로 수긍할 수 없다. 나는 혼자 있는 시간을 통해 에너지를 충전하지만, 그와 동시에 낯선 사람과 대화하며 그들의 세계를 탐색하는 일을 진심으로 즐긴다. 때로는 무작정 캔버스를 사와서는 뭘 그리겠다는 구상 없이 붓질부터 시작하기도 하고 또 어느 때는 몇 달 뒤 약속까지 시간 단위로 꼼꼼히 정리해두기도 한다. 내 안의 성향들은 고스란히 내재되어 있다가 그날의 상황과 마음에 따라 전혀 다른 모양을 만들어낸다.

그런데 1940년대에 개발된 MBTI라는 네 글자는 이 복잡하고도 유동적인 우리 존재를 단 하나의 틀에 가두려 한다. "나는 이런 유형이야"라는 문장은 그 자체로는 편리하지만 때때로 스스로에 대한 가장 견고한 편견이 되기도 한다.

심리학자들은 성격유형검사가 일종의 '자기예언적 암시self-fulfilling prophecy'가 될 수 있다고 경고한다. '나는 이렇다'고 믿는 순간 우리는 무의식중에 그에 맞는 행동을 선택하고 결국 자신을 그 틀 안에 가두게 된다는 것이다.

심리학자 버트럼 포러Bertram R. Forer는 이 현상을 증명하는 흥미로운 실험을 했다. 그는 모든 피험자에게 성격 검사를 시행하고 개별적으로 결과지를 나눠준 다음, 각자 자신의 평소 성격과 얼마나 일치하는지를 평가하게 했다. 피험자들의 분석 결과 5점 만점에 평균 4.26점으로 높은 일치도가 나타났다. 하지만 사실 피험자들에 나눠준 결과지에는 동일한 내용이 담겨 있었다. 이처럼 사람은 일반적인 성격이나 심리적 특징을 자신만의 특성으로 여기는 경향을 지닌다. 쉽게 말해 일반적으로 누구에게나 맞는 말에 의미를 부여하고, 거기에 기꺼이 자신을 끼워맞추려 한다.

MBTI도 마찬가지다. 몇 주 사이에 결과가 달라질 만큼 일관성이 낮고 미래의 행동을 예측하는 데도 한계가 많은 도구다. 한 연구에 따르면, 응답자의 절반 정도가 몇 주 안에 다른 유형으로 바뀌는 것으로 나타났다.

그럼에도 우리는 여전히 '나는 누구인가'를 묻는 순간 MBTI 같은 제대로 검증되지 않은 도구에서 그 답을 찾고 싶어 한다. 타인이 나를 이해해주기를 바라는 갈망은 때로는 나 스스로조차 나를 '정형화'하려고 든다.

나라는 존재는 그렇게 간단하게 요약되기엔 훨씬 더 복잡하고 변화 가능성이 큰 존재다. 지금 내가 무엇을 생각하고, 어떤 선택을 하고 있으며, 무엇에 마음을 쏟고 있는가? 결국 나를 말해주는 것은 '유형'이 아니라 내 '태도'고, '분류'가 아니라 내 '행동'이다.

누구에게나 드러나지 않은
가능성의 공간이 있다

우리는 누구나 편견을 지니고 있다. 그것은 인간의 본능이자 생존을 위한 진화의 결과다. 새로운 정보를 접했을 때 우리의 뇌는 가능한 한 빠르게 그것을 이해하려 한다. 그러기 위해 과거의 경험과 기억을 불러와 이미 알고 있는 틀에 그것을 구겨넣는다. 복잡한 세상을 효율적으로 살아가기 위한 전략이다. 그래서 누군가를 만났을 때 백지상태로 바라본다는 건 거의 불가능하다. 타인을 이해하는 첫걸음은 그런 무의식적 분류라고 해도 과언이 아니다. 문제는 그 이후다. 그 첫인상을 단단한 틀로 굳혀버리는 순간 편견은 사고의 감옥이 된다.

그런데 내가 더 우려하는 것은 타인의 분류보다도 내가 나 자신을 너무 쉽게 정의해버리는 경우다. "나는 원래 이런 사람이야"라는 문장은 자기 자신에게 내리는 가장 단단한 선고일 수 있다. 내향형이라서, 장녀라서, 흙수저라서, 수학을 못해서 등 이런 이유들이 어느새 내가 할 수 있는 일과 할 수 없는 일을 구분 짓는 경계선이 되어버린다.

과거의 실패나 부족함을 근거로 우리는 스스로의 가능성을 닫는다. 칭찬을 들었을 때 "아닙니다, 저는 그런 사람이 아니에요"라고 말하고, 새로운 제안을 받았을 때 "저는 그런 거 잘 못해요"라고 피하면서 부지불식간에 스스로를 좁은 틀에 가둬버린다. 하지만 정작 우리는 우리 자신에 대해 잘 모른다. 내 안의 가능성을 전혀 모른 채 "나는 원래 이런 사람이야"라는 편견으로 무수한 가능성들을 짓밟고 있는 건 아닐까?

예전에 캘리포니아에서 수학 공식을 자주 말하던 한 한국 학생을 만난 적이 있다. 그는 수학을 마치 언어처럼 다루며 공식을 통해 사고를 정리하고 자신의 관점을 또렷하게 설명했다. 하지만 놀랍게도 그는 내게 한때 숫자만 봐도 머리가 아파 수학을 피해다녔다고 말했다. 고등학교 시절 수학 성적은 늘 바닥이었고 제한된 시간 안에 정답을 골라야 하는 시험에서는 너무 긴장해서 배가 아플 정도였단다. 그래서 그는 "나는 수학을 못 해"라고 단정 짓고 자연스럽게 인문계 문과를 선택했다.

그랬던 그가 전환점을 맞은 건 유학을 와서 영어가 가장 적게 필요한 수학 수업을 울며 겨자 먹기로 수강하면서부터였다. 정답을 맞히는 것이 아니라 이해를 중심에 둔 교수님의 수업 방식 덕분에 그는 수학이 세상의 구조와 원리를 풀어내는 사고의 도구라는 것을 처음 알게 되었다. 그때부터 그는 수학을 전혀 다른 눈으로 보기 시작했다.

입시나 점수를 위한 암기가 아니라 원리를 파악하고 개념을 연결해보는 과정 자체에 흥미를 느꼈고, 스스로 문제를 만들고 풀어가면서 그는 수학의 논리와 구조 속에 담긴 아름다움을 경험하게 되었다. 결국 그에게 수학은 가장 피하고 싶은 과목에서 가장 몰입하고 즐거움을 느끼는 분야가 되었다. 스트레스를 받을 때마다 수학 문제를 풀며 긴장을 푼다고 말할 정도였다.

그는 수학을 '못했던' 것이 아니다. 다만 그동안 수학을 접하는 방식이 입시 위주의 교육과정 때문에 어긋나 있었던 것뿐이다. 수학을 제대로 알게 된 후 그는 취미 삼아 수학 게임 콘텐츠를 개발하며 월급보다 더 많은 부수입을 올렸다. 자신이 가장 피하던 것을 통해 새로운 가능성을 펼치게 된 것이다.

만약 그가 '수학은 무조건 싫다'는 편견에 갇혀 수업을 듣지 않았다면 어땠을까? 아마도 그는 여전히 '나는 수학을 못한다'는 생각 속에 머물러 있었을 것이다. 그러다가 자신도 모르게 미래를 열어줄 가능성의 문을 닫아버렸을 것이다.

직접 해보지 않고는 알 수 없다. 누군가 말하는 '가능성 있는 사람'이 사실은 바로 당신일 수 있다. 당신이 알고 있는 당신의 모습 너머에 아직 드러나지 않은 수많은 가능성이 숨어 있을지도 모른다.

그래서 우리는 누구를 만나든 그 사람을 단순한 이미지나 한 가지 기준으로만 정의해서는 안 된다. 보이는 대로 판단하기보다 그 사람 안에 숨어 있는 커다란 가능성의 공간을 인정해야 한다. 더 많은 카테고리를 조심스럽게 대입해보고 계속해서 질문하며 절대 하나의 분류로 단정하지 않기를 바란다. 그리고 이 명제를 누구보다도 나 자신에게 적용해야 한다.

끊임없이 나를 관찰하고
새로운 설명을 추가해보라

스탠퍼드대 재직 시절의 일이다. 컴퓨터공학 박사과정 지원자 중 특이하게도 학부에서 피아노를 전공한 학생이 있었다. 다양한 배경을 지닌 학생들이 모이는 곳이지만, 피아노 전공자가 컴퓨터공학과에 지원한 사례는 매우 드물었다. 그의 도전에 호기심을 느낀 나는 이력을 찬찬히 들여다보았다.

그는 어릴 적부터 힘들 때마다 음악을 들으며 마음의 안정을 얻었다고 했다. 자신이 받은 위로를 다른 사람에게도 전하고 싶어 피아노를 전공했지만, 훨씬 뛰어난 재능을 가진 이들을 보며 점점 좌절감에 빠졌다고 한다. 꿈과 현실 사이에서 길을 잃은 그는 어느 날, 우연히 인공지능이 만든 디지털 음악을 접하게 되었다.

당시 인공지능이 작곡한 음악은 기술이 미진해 거칠고 어설펐다. 그럼에도 그는 마치 어둠 속에서 한 줄기 빛을 본 것 같았다고 말했다. 바로 그 계기로 그는 음악과 인공지능을 잇는 새로운 꿈을 꾸게 되었고 독학으로 코딩을 배운 끝에 결국 박사과정에까지 도전하게 된 것이다.

지금 그는 연주자의 세밀한 움직임을 인공지능으로 분석해 곡에 반영하는, 전혀 새로운 방식의 음악 생성 기술을 연구하고 있다. 이제 그 누구도 그에게 피아노를 얼마나 잘 치는지를 묻지 않는다. 그는 스스로를 인공지능 음악 분야의 개척자로 재정의했다.

언젠가 나는 학부에서 철학을 전공한 한 학생을 스탠퍼드대학교 교육대학원 솔루션 개발팀에 영입하기도 했다. 주변에서는 "철학과 출신이 코딩을 할 수 있을까요?"라며 우려의 말을 전해왔지만 그는 곧 팀에서 가장 창의적인 코딩 방식으로 주목받았다. 기술 문제를 풀어가는 데 철학적 사고가 전혀 새로운 시각을 제공했던 것이다.

나는 이 두 사람의 이야기가 예외적인 경우라고 생각하지 않는다. 우리 모두는 각자만의 고유한 이야기를 지니고 있으며 단지 세상이 정해준 궤도 속에서 스스로를 제한하고 있을 뿐이다. 그러니 나 자신을 끊임없이 관찰하자. 그리고 조금씩 다르게 설명해보자. "나는 무채색 옷만 좋아한다고 생각했는데, 유독 화려한 액세서리에 눈길이 가네", "나는 다정한 사람인 줄 알았는데, 일할 때는 꽤 냉정해지는구나"처럼 말이다.

이렇듯 나에 대한 작은 관찰들이 쌓이다 보면 어느새 익숙했던 '나'의 경계 바깥으로 질문을 던지게 된다.

"현재의 나는 정말로 소심한 사람인가?"

"나는 정말 늘 계획을 세워야만 안심하는 사람인가?"

그리고 마지막으로 이렇게 물어보자.

"왜 꼭 그래야만 하지?"

우리는 어떤 것으로도
규정할 수 없는 독특한 존재다

우리는 누구도 쉽게 규정할 수 없는 각자만의 오묘한 빛깔을 지닌 존재다. 어떤 색이라고 단정 짓기엔 우리의 결이 너무 다채롭고,

그 다름이야말로 우리 존재의 가장 아름다운 가능성일지도 모른다. 그런데 때때로 우리는 그 빛깔을 너무 일찍 정해놓고, 삶의 모든 기로와 장면에 그 색만을 칠해버린다. 그러나 내 안의 가능성은 내가 정의한 그 경계보다 훨씬 넓다. 나답지 않다고 여겼던 행동을 한 번쯤 시도해보자. 막상 해보면 의외로 나는 대범할 수도 있고 예상보다 훨씬 유연하고 임기응변에 강할 수도 있다. 그렇게 나조차 몰랐던 나 자신을 발견하는 일, 생각만 해도 설레지 않는가?

얼마 전 한 학생이 찾아와 나에게 물었다.

"교수님, 저는 MBTI가 ISFJ인데, 창업을 해도 될까요? 저 같은 유형은 안정을 추구한다고 해서요…"

나는 그에게 이렇게 말했다.

"당신이 ISFJ든 ENTP든 그건 중요하지 않아요. 지금 당신이 진심으로 원하는 것이 무엇이고, 그걸 위해 어떤 선택을 하고 어떤 행동을 하려는지가 훨씬 더 중요하죠."

성격유형검사는 참고자료일 뿐 당신의 가능성을 가둘 자격은 절대 없다. 당신은 어떤 네 글자의 조합으로도 완전히 설명될 수 없는 그리고 어떤 틀에도 온전히 담기지 않는, 하나뿐이고 놀라운 존재다. 그 사실을 잊지 마라.

미래는 내가 그려낸
상상의 크기만큼 펼쳐진다

나는 자기 자신을 어떻게 바라보느냐가 앞으로 어디까지 나아갈 수 있는지를 결정한다고 생각한다. 가능성을 스스로 한정 짓는 순간 그 길의 끝도 짧아진다. 반대로 미래를 넓게 그리는 사람은 더 먼 지평을 향해 나아간다. 그 차이를 만드는 힘은 '상상'이다.

산악가 에런 랠스턴Aron Ralston은 인적이 드문 유타주 산악지대에서 암벽 등반을 하고 있었다. 그런데 좁은 절벽 틈을 타고 내려가다 굴러떨어진 암석에 오른팔이 짓눌려 절벽 사이에 갇히고 말았다. 여행 계획을 아무에게도 알리지 않았고 휴대전화도 없어서 구조를 기대할 수 없는 상황이었다.

그는 장장 닷새 동안 물 한 병으로 버티다가 탈수와 저체온증으로 정신이 흐려졌다. 그런데 죽음을 예견하게 되었을 즈음 혼미한 의식 속에서 자신을 향해 "아빠" 하고 부르는 네 살배기 아이의 모습이 떠올랐다. 상상 속에서 랠스턴은 왼팔로 아이를 안아 올리고는 손이 없는 오른팔로 아이의 몸을 꼭 껴안으며 함께 웃었다. 그 순간 아이는 그에게 살아야 한다는 강력한 이유가 되었다.

그는 이미 썩기 시작한 오른손을 주머니칼로 절단하고 상처를 싸맨 뒤, 남은 왼손과 두 발로 암벽을 짚어가며 바위를 내려왔다. 그리고 10킬로미터를 걸어간 끝에 한 네덜란드 등산객을 만나 극적으로 구조되었다.

놀라운 건 당시 랠스턴은 미혼이었고 아이도 없었다는 사실이다. 그를 끝내 살려낸 건 상상 속의 아이였다. 이 놀라운 이야기는 당시 엄청난 화제가 되었으며 영화 〈127시간〉으로 제작되어 전 세계에 알려졌다.

정신분석학자 지그문트 프로이트Sigmund Freud는 공상을 "현실에서 충족되기 어려운 욕망을 심리적으로 달래주는 방편"이라고 정의하면서 그 안에 창조적 가능성이 있음을 인정했다. 실제로 풍부한 공상 세계를 지닌 사람들이 예술·과학 분야에서 혁신적인 성취를 이루는 경우가 많다. 미국의 정신과 의사 제럴드 엡스타인Gerald N. Epstein은 심상mental imagery 치료를 개척하며, 마음속 이미지를 통해 신체적·정신적 문제를 해결하고 실제 삶에 변화를 일으킬 수 있다고 강조했다. 이처럼 상상의 힘은 위대하다.

상상은 눈에 보이지 않는 연필로 미래의 밑그림을 그리는 행위다. 아직 색칠되지 않은 빈 캔버스 위에 내가 원하는 풍경을 먼저 그려넣는 것이다. 그렇게 상상이 만들어낸 스케치는 결국 현실에서 색이 입혀진다. 스케치가 구체적일수록 색은 아름답고 선명하다. 결국 상상은 가능성을 현실로 끌어오는 도구인 것이다.

당신이 그리는 미래의 크기가 곧 당신이 도달할 수 있는 지평선의 크기다. 그러니 지금 당신의 상상은 어디까지 뻗어 있는지 스스로에게 물어야 한다.

일상에 작은 '상상의 틈'을 만들어라

유발 하라리Yuval Harari는 유인원에서 인류로 진화하는 과정 속 수많은 종 가운데 오직 호모 사피엔스만이 살아남을 수 있었던 이유로 상상력을 꼽았다. 호모 사피엔스는 난관 앞에서 늘 새로운 해법을 상상했고 이를 끝내 현실로 옮겼다. 인류가 만든 도구, 기술, 국가, 종교, 이데올로기 등 세상을 지탱하고 발전시킨 모든 것은 결국 상상에서 비롯된 것이다. 그런데 상상력의 가치를 이야기하면 더러 이렇게 말하는 사람들이 있다.

"저는 원래 현실적인 성격이라 상상 같은 건 잘 못해요."

하지만 상상력은 타고나는 능력이 아니다. 훈련을 통해 얼마든지 자라날 수 있다. 상상의 방향은 사람마다 다르지만 그 원천은 누구에게나 공평하게 주어진다.

내 경우 2남 1녀 중 막내로 태어난 것이 상상력 발달에 큰 몫을 했다. 형제 많은 집의 막내라면 아마 고개를 끄덕일 것이다. 맏이는 새 책, 새 장난감, 새 옷을 가진다. 그러나 둘째, 셋째쯤 되면 좀처럼 새것을 가질 수 없다. 우리 집도 예외가 아니었다. 책이든 장난감이든 옷이든 누나와 형이 쓰던 것들을 고스란히 물려받았다.

장난감이나 옷은 그럭저럭 괜찮았지만 책은 곤란했다. 이미 낡아 종이가 너덜너덜 뜯겨 있었고 어떤 책은 시작 부분이, 또 어떤 책은 중간이나 결말 부분이 아예 없었다. 지금 같으면 가까운 도서관에서 빌려 읽었겠지만 그 시절엔 그마저도 쉽지 않았다. 그래서 나는 남은 부분들을 읽고 또 읽으며 빈 페이지를 머릿속에서 채웠다. 앞에는 어떤 사건이 있었을지, 결말은 어떻게 흘러갔을지, 매번 다른 이야기를 상상하면서 말이다.

만약 책이 온전했다면 그렇게 상상을 해가며 읽지는 않았을 것이다. 이야기의 빈틈 덕분에 나는 상상이라는 근육을 매일 단련했다.

그 시간은 세상을 바라보는 내 시야를 바꾸었다. 눈앞의 현실을 있는 그대로만 받아들이지 않고 다른 가능성을 찾는 습관을 기를 수 있었다. 덕분에 나는 머릿속에 언제나 다른 세상이 펼쳐져 있었다. 종교 지도자가 되어 전혀 다른 세상을 이끌고 싶기도 했고, 발명가가 되어 세상에 없던 물건을 만들고 싶기도 했다. 그때는 교육가가 되겠다는 생각은 없었지만 내가 상상하는 미래는 분명 더 넓고 자유로웠다. 그리고 미국이라는 나라가 내가 꿈꾸던 환경에 가장 가까울 것이라는 확신이 들었다. 그 확신 덕에 내가 상상한 미래를 직접 실현하겠다고 결심할 수 있었다. 그 뒤로도 상상은 매일 이어졌고 그것이 일종의 훈련이 되어 삶의 여러 순간에서 큰 도움을 주었다.

상상력을 기르는 방법은 거창하지 않다. 일상에 작은 '상상의 틈'을 만드는 것만으로 충분하다. 이를 위해 '만약에'로 시작하는 질문을 스스로에게 건네보자. 하루에 한두 번, 짧은 순간이라도 마음속에서 그 장면을 그려보는 것이다.

- 만약에 엘리베이터 문이 열렸는데 전혀 다른 시대에서 온 사람들이 있다면 나는 무슨 말을 건넬까?
- 만약에 내가 키우는 화분이 오늘 하루 말을 할 수 있다면, 내게 어떤 불평을 털어놓을까?
- 만약에 세종대왕이 지금과 같은 인공지능시대에 살았다면 어떤 법과 제도를 만들었을까?
- 만약에 이순신 장군이 인공지능으로 전쟁 전략을 세운다면 어떤 방식으로 해전을 준비했을까?

이렇게 작은 상상의 씨앗을 하루에 몇 번씩 심다 보면 닫혀 있던 생각의 문이 열리고 그 자리에 전혀 새로운 길이 펼쳐진다. 중요한 것은 답을 찾는 일이 아니라, 그 길을 걸으며 시야가 조금씩 넓어지고 마음이 한결 자유로워지는 경험을 만끽하는 것이다.

아이들의 상상력을 키워주는 '1001 스토리 프로젝트'

나는 오래전부터 시즈오브임파워먼트를 통해 '1001 스토리 프로젝트'를 이어오고 있다. 세계 각지의 어려운 환경에서 살아가는 아이들이 세상에 전하고 싶은 이야기를 그림책으로 만든 후 전 세계에 배포하는 프로젝트다. 이 프로젝트를 기획한 이유는 상상할 자유조차 잃어버린 아이들, 특히 제3세계의 아이들과 경직된 교육제도 속에 있는 아이들에게 다시 상상의 날개를 달아주고 싶어서 기획하게 되었다.

아이들의 실제 이야기가 담긴 책은 바다와 국경을 건너 전 세계 다양한 나라의 아이들에게 전해진다. 때론 국제 정세 속에서 서로 대립하고 있는 국가의 아이들끼리 그림책을 나누어 읽기도 한다. 서로의 이야기를 읽으며 상대방의 입장을 이해하고 마음속 장벽을 허무는 시간을 갖는다. 이야기를 다듬고, 그 이야기를 바탕으로 질문을 만들고, 서로의 삶을 상상해보는 과정을 통해 아이들은 사고의 폭을 넓히고 더 큰 세상에 눈을 뜬다.

상상의 고리가 만들어낸 이 그림책 프로젝트는 한국 교실에서도 조금씩 진행되고 있다. 새로운 교육을 상상하고 매일 조금씩 전진하며 변화를 만들어가는 선생님들과 함께 말이다. 학생들은 문제집의 영어 지문이나 문법을 암기하는 대신 아프리카 친구들의 이야기를 영어로 읽고 번역한다. 그 나라의 역사와 지리, 문화를 찾아 공부하고 그 이야기의 문장을 다듬는다. 그러면서 먼 대륙의 삶을 이해하게 된다.

그 과정을 지켜보며 상상력은 홀로 키우는 게 아니라는 걸 깨닫는다. 누군가의 이야기를 읽고 그 안에 내 마음을 보태며 그 마음이 다시 다른 이에게 전해질 때 상상은 뿌리를 내리고 줄기를 뻗는다.

나 역시 처음부터 상상력이 풍부했던 것은 아니다. 오히려 현실의 무게에 눌려 상상을 내려놓고 싶었던 순간이 많았다. 특히 미국에 막 도착했을 때 언어도 서툴고 돈도 없고 아는 사람도 없는 상황에서 미래를 그려본다는 것은 사치처럼 느껴졌다. 당장의 생존이 더 급했으니 말이다.

그럼에도 나는 의식적으로 밝은 미래를 상상하려 애썼다. 아르바이트를 하면서도 언젠가 내가 하고 싶은 일을 하며 살아가는 모습을 그렸고 서툰 영어로 수업을 따라가기 힘든 날에도 훗날 내가 이 내용을 다른 이에게 가르치고 있는 장면을 떠올렸다. 앞날에 대해 긍정의 상상을 하면 할수록 내 미래는 점점 더 선명해졌다.

상상은 억지로 끌어내는 것이 아니다. 상상력이 자랄 수 있는 비옥한 토양을 만들어주면 상상력은 스스로 연결점을 만들어가며 더 넓게 뻗어갈 것이다.

상상을 현실로 만들기 위해
지금 당장 우리가 해야 할 일

산악가 랠스턴이 절벽에서 사고를 당한 것은 2003년이다. 사고 당시 그를 구원했던 상상은 2010년 아들 레오가 태어나면서 현실이 되었다. 이처럼 상상을 통해 우리는 현재의 어려움을 극복하고 원하는 미래를 정말 얻을 수 있다. 상상한 미래가 생생할수록 그것을 달성하기 위해 최선의 노력을 하게 된다. 그리고 뜬구름 같던 상상은 결국 현실이 될 것이다. 하지만 여기서 중요한 것은 단순히 상상만 하는 것이 아니라 그 상상을 현실로 만들기 위한 구체적인 행동을 해야 한다는 점이다.

내가 미국에 가고 싶다고 상상만 했다면 아무 일도 일어나지 않았을 것이다. 상상과 함께 영어 공부를 시작했고, 대학 정보를 찾아봤고, 실제로 지원서를 제출했기 때문에 그 상상이 현실이 될 수 있었다.

상상 속의 미래를 향해 한 발짝 다가가는 것, 그것이 바로 상상력이 현실이 되는 시작점이다. 어렵게 생각하지 말자. 아주 작은 것이라도 좋다. 머릿속에 그리던 것을 실행에 옮겨보는 것만으로 충분하다. 그 작은 실행들이 결국 원하는 미래를 창조하는 원동력이 될 테니 말이다.

미래는 당신이 상상한 크기만큼 이루어진다. 그러니 크게 상상하라. 그리고 그 상상을 현실로 만들기 위해 오늘 할 수 있는 작은 일부터 시작하라.

인생의 방향을 알고 싶다면
가정적 질문을 던져라

스탠퍼드대의 한 교수는 대학원생들과 회의할 때 종종 커다란 쿠션을 꺼내 편안히 몸을 기댄 채 이야기를 나누곤 한다. 의자에 앉아 회의를 하다가 논의가 막히거나 흐름이 무거워진다고 느끼면 어느새 바닥으로 자리를 옮긴다. 처음 연구실에 들어선 학생은 교수와 학생들이 나란히 바닥에 앉거나 기대어 의견을 주고받는 모습에 깜짝 놀란다. 그러나 그 낯선 풍경에 금세 익숙해진다. 곧 그 자유로운 분위기에 스며들어 집에서 가족과 대화하듯 몸을 풀고 웃음과 함께 활발한 토론을 이어간다.

그가 이렇게 회의 형식을 바꾼 데에는 분명한 이유가 있다. 권위의 울타리를 낮춰야 생각이 확장된다고 믿기 때문이다. 그는 언제나 학생들에게 이렇게 말한다.

"내가 교수라는 이유로 내 말에 의문을 던지는 걸 불편해해서는 안 됩니다. 내가 하는 말은 물론이고 세상이 정한 그 어떤 답에도 얼마든지 질문을 던져야 합니다. 남이 생각하지 못한 것을 묻고 새로운 패러다임을 제시하는 것을 주저해서는 안 됩니다."

질문은 그 어떤 위기에서도 돌파구를 만든다

정해진 것에 질문을 던져 새로운 길을 연 사례는 무수하다. 특히 이전에 없던 산업을 창출한 기업일수록 그 뿌리에는 질문의 힘이 있다. 필요한 순간에 적절한 질문을 하지 못해 잘 나가던 회사가 순식간에 쇠락의 길로 접어든 경우도 많다. 디지털 사진의 등장을 외면한 코닥, 터치스크린 혁신을 받아들이지 않은 블랙베리, 개인화된 연결 경험을 놓친 마이스페이스, 온라인 쇼핑의 흐름을 읽지 못한 토이저러스, 영상 스트리밍 도입을 준비하지 못한 블록버스터 등 한 시대를 풍미하던 기업들이 변화의 신호 앞에서 중요한 질문을 던지지 못해 결국 시장에서 영향력을 크게 잃거나 뒤처졌다.

지금은 질문하는 자만이 살아남는다. 질문은 곧 생존이고 창직은 미래다. 계속 질문을 던지지 않으면 배움도 혁신도 일어나지 않고 결국 순식간에 도태되고 만다.

그러나 필요한 질문을 던지는 능력은 하루아침에 생기지 않는다.

나는 질문하는 행위를 하나의 예술이라 생각한다. 아무리 재능이 있는 사람이라도 단숨에 예술적 경지에 오를 수 없듯, 창의적이고 확장성 있는 질문은 그냥 나오지 않는다. 그에 걸맞은 경험과 충분한 훈련이 필요하다.

안타깝게도 우리나라 사람들은 유난히 질문을 어려워한다. 언젠가 한국 대기업 중역들을 대상으로 워크숍을 진행한 적이 있다. 나는 참석자들에게 내가 개발한 질문형 학습 플랫폼 '스마일SMILE, Stanford Mobile Inquiry-based Learning Environment'에 창의적인 질문을 올려달라고 요청했다. 그 질문들을 토대로 워크숍을 이어갈 예정이었다. 그러나 한참이 지나도록 단 한 건의 질문도 올라오지 않았다. 의아해서 정말 아무도 질문이 없냐고 거듭 물으니 한 참석자가 내게 찾아와 조심스럽게 말했다.

"질문이 있긴 한데, 플랫폼에 질문자 이름이 뜨는 게 부담스럽습니다."

혹시 자신이 던진 질문이 우스워 보이지 않을까 걱정하는 것이었다. 아마도 어릴 적부터 질문을 꺼리는 분위기 속에서 자라온 탓일 것이다. 그렇게 질문하는 법을 잊어버린 사람은 정작 질문이 요청되는 상황에서도 어떤 질문을 어떻게 해야 할지 망설이다가 결국 침묵을 택한다.

스탠퍼드대에서 강의할 때와 한국의 명문대에서 강의할 때의 분위기도 크게 다르다. 스탠퍼드대에서는 누군가 의문이 생기면 곧바로 손을 들고 질문하고, 내 대답이 채 끝나기도 전에 다른 학생이 의견을 덧붙이며 토론을 이어간다. 그러나 한국에서는 수업 중에 손을 드는 학생이 거의 없다. 그저 내가 한 말을 받아 적을 뿐이다.

나는 20년 전부터 질문의 중요성을 강조해왔다. 처음엔 현실과 거리가 먼 이야기로 여기는 사람이 많았다. 그러나 인공지능시대가 도래하면서 적절한 질문을 던져야만 원하는 솔루션을 얻을 수 있다는 사실이 분명해졌다. 이제는 대학을 비롯한 여러 기관에서 어떻게 좋은 질문을 할 수 있는지에 관심을 보이며 그 방법을 공유해달라는 요청이 꾸준히 이어지고 있다.

우리는 이 회사를
답이 아니라 질문으로 운영한다

그렇다면 어떤 질문이 좋은 질문일까? 질문은 단순한 사실 확인을 위한 것보다 기존 체제의 관점을 뒤흔들고 또 다른 질문을 불러일으킬 수 있을 때 더 큰 가치를 가진다.

실리콘밸리의 혁신적인 기업들은 이 질문의 필요성을 이미 뼈저리게 느끼고 있다. 가치 있는 질문을 하는 기업만이 계속 성장할 수 있다는 것을 아는 것이다. 구글은 전 직원이 질문을 훈련할 수 있도록 '도리DORY'라는 시스템을 개발했다. 집단지성과 수평적 질문 문화를 만들기 위해 고안된 이 시스템의 이름은 애니메이션 〈니모를 찾아서〉에 등장하는 파란 물고기에서 가져왔다. 건망증이 심해 끊임없이 질문을 던지지만 낙천적인 성격을 지닌 캐릭터다.

구글에서는 직책에 상관없이 누구나 도리 시스템에 질문을 올릴 수 있다. 그리고 다른 직원들이 그 질문에 대해 평가를 남긴다. 올라오는 질문들은 무척 다양한데, 그 다양성이 곧 혁신의 불씨가 된다.

'지금 구글의 검색 엔진이 앞으로도 경쟁력을 가질 수 있을까?'
'인공지능을 이용한 검색은 어떤 특징을 지니는가?'

사람들은 이런 질문들의 중요도를 평가하고, 그에 따라 순위가 매겨진다. 상위권에 오른 질문에 대해서는 최고경영자가 직접 답변해야 한다. 덕분에 직원들은 회사의 미래를 움직일 본질적인 질문을 마음껏 던질 수 있고, 책임자들은 나태해질 틈 없이 고민하며 회사의 큰 그림을 효과적으로 그려나간다.

한국의 경직된 조직문화에 대해 변화가 필요하다고 지적했던 구글 전 CEO 에릭 슈미트는 이렇게 말했다.

"우리는 이 회사를 답이 아니라 질문으로 운영한다."

21세기에서 살아남기 위해서는 질문을 주고받는 일에 익숙해져야 한다. 의미 있는 질문일수록 답이 정해져 있지 않고 해답에 이르기까지 시간이 오래 걸린다. 단숨에 답을 찾을 수 없다고 실망할 필요는 없다. 진리에 다가가는 그 과정에서 우리는 이미 혁신적인 결과물들을 만들어내고 있을 것이다.

어떤 질문이 좋은 질문인가?
내일을 바꾸는 가정적 질문의 힘

20년이 넘는 세월 동안 교육자로서 전 세계 여러 나라의 다양한 교육적 배경을 지닌 학생들을 만나면서 나는 질문의 중요성을 더욱 절감하게 되었다.

그러나 나 역시 학창 시절에는 질문을 두려워하는 학생이었다. 영어도 서툴고 배경지식도 부족한 상황에 모두가 보는 앞에서 질문을 던지는 건 내게 큰 용기가 필요한 모험이었다.

그러나 시간이 지날수록 미국에서 공부하는 동안 질문하지 않으면 아무것도 배울 수 없다는 사실을 절실히 깨닫게 되었다. 질문은 단순히 모르는 것을 묻는 행위가 아니었다. 사물을 새로운 각도에서 바라보는 훈련이었고 시야를 넓히는 통로였다.

앞서 이야기한 것처럼 특히 인공지능시대가 되면서 질문의 중요성은 한층 커졌다. 인공지능에게 좋은 답을 얻으려면 먼저 좋은 질문을 던져야 한다. '프롬프트 엔지니어링'이라는 직업이 생겨난 것도 그 때문이다. 질문하는 기술이 하나의 전문 영역이 된 시대다.

여기서 중요한 것은 그저 기술적인 질문이 아니라 본질을 꿰뚫는 질문이어야 한다는 것이다. 즉, "이 문제의 핵심은 무엇인가?", "우리가 놓치고 있는 것은 무엇인가?", "만약 다른 관점에서 보면 어떨까?" 같은 질문이다.

이렇듯 본질을 건드리는 질문은 나를 향한 탐구와 코칭의 도구가 되기도 한다. 우리는 살면서 이미 세상이 완성해놓은 문장들을 너무 많이 듣는다.

"공부를 잘해야 좋은 대학에 가고, 사회적으로 인정받을 수 있다."
"대기업에 취직해야 노후가 편하다."

이렇게 정해진 원칙들에 순응하다 보면 변화는 일어나지 않는다. 물론 가시적인 변화조차 없다는 뜻은 아니다. 모범생에서 유능한 회사원으로 변해가기는 할 것이다. 그러나 이렇게 정해진 원칙들에 고개를 끄덕이며 순응하다 보면, 삶의 결은 매끈해질지 몰라도 방향은 변하지 않는다. 방향이 변하지 않으면 물은 고인다. 고인 물은 서서히 흐름을 잃고 변화와 발전의 기회를 놓친다. 시대의 물살을 타지 못하면 결국 뒤처진다. 그래서 우리는 고인 물이 아니라 새로운 길을 찾아 흐르는 강물이 되어야 한다.

그 변화를 이끄는 가장 확실한 방법이 바로 질문이다. 특히 '가정적 질문'은 막힌 길을 열어주는 열쇠가 된다. 내가 바라는 상황과 할 수 있는 일을 가정해보는 것이다.

"내가 만약 새로운 언어를 자유롭게 구사할 수 있다면?"
"내가 만약 코딩을 능숙하게 다루어 원하는 프로그램을 만들 수 있다면?"
"내가 만약 글로벌 기업에 입사해 세계 곳곳을 넘나들며 일할 수 있다면?"

현재와는 다른, 그러나 손에 잡힐 듯 구체적이고 생생한 장면을 마음속에 그려보는 순간, 큰 질문에 대한 각각의 가능한 작은 답들을 찾아내는 순간, 우리는 이미 내일의 방향을 바꾸기 시작한 것이다.

나를 스탠퍼드대로 이끈 첫 번째 질문
"내가 만약 미국에서 대학을 다닌다면?"

가정적 질문을 떠올릴 때는 지금의 내가 실현할 수 있는 범위에서 출발하는 것이 좋다. "내가 초능력을 갖게 된다면?" 같은 질문은 상상 속에서는 흥미롭지만 지금 내 삶에 변화를 주기는 어렵다. 내 삶과 개연성이 없는 가정적 질문은 내가 지금 당장 무엇을 해야 할지 방향을 잡지 못하게 한다. 당장의 의지와 노력을 기울여 시도해볼 수 있는 질문이 삶을 바꾸는 단초가 된다.

처음부터 너무 먼 미래를 그리기보다는 단순한 것을 시작으로 단계별로 진행해야 한다. 나 역시 처음부터 "내가 만약 스탠퍼드대 부학장이 된다면?"이라고 묻지 않았다.

그 대신 조금 더 가까운 질문을 떠올렸다.

"내가 만약 미국에서 대학을 다닌다면?"

이 질문은 나를 새로운 꿈으로 이끌었고, 그 꿈을 향해 조금씩 걸어가게 했다. 영어 공부를 시작했고, ESL 과정을 찾아보았으며,

그렇게 준비한 끝에 미국 대학에서 공부할 기회를 잡았다. 그 뒤로도 질문은 이어졌다. "내가 만약 교육공학 석사과정을 밟을 수 있다면?", "내가 만약 박사 연구로 가상현실 교육환경을 구현할 수 있다면?" 이러한 질문들이 모여 나의 길을 조금씩 넓혀주었고 지금까지의 자리로 이끌어주었다.

나는 지금과 다른 삶을 살고 싶을 때마다 질문을 던졌다. "내가 만약 멕시코 빈민 아이들을 위해 교육봉사를 한다면?"이라는 질문은 나를 먼 오지로 이끌었고 비영리 교육단체 시즈오브임파워먼트를 세우는 계기가 되었다. "내가 만약 파일럿 자격증을 따게 된다면?"이라는 질문 덕분에 나는 중년에 다시 공부를 시작했고, 결국 직접 하늘을 날 수 있는 자격을 얻게 되었다.

마음을 열고 내면을 바라보면 누구든 이런 질문을 가질 수 있을 것이다. 가정적 질문은 우리를 꿈꾸게 하고, 가능성을 떠올리게 하며, 마음을 설레게 한다.

혹시 지금 새로운 길을 찾고 있는가? 어디로 향해야 할지 고민이 된다면, 작은 가정적 질문을 떠올려보기를 권한다. 그 답을 찾아가는 과정에서 생각보다 더 멀리 나아가 있는 자신을 발견하게 될 것이다.

인생의 길목에서 방향을 알고 싶다면, 크고 작은 질문의 실마리를 따라가보자. 그 여정 속에서 언젠가 머릿속의 가정이 조금씩 현실이 될 것이다. 그러니 미루지 말고, 바로 지금 미래에 대한 가정적 질문을 시작하라.

매일의 기록이 쌓여
나만의 길이 시작된다

'변화는 작은 루틴에서 시작된다.'

자기계발에 관한 수많은 말들 가운데 이보다 더 맞는 말이 있을까? 인생을 바꾸는 것은 영화 속 한 장면처럼 극적인 순간이 아니다. 매일의 사소한 행동이 쌓여 하나의 패턴이 되고 그 패턴이 강화되어 결국 인생의 흐름을 바꾼다. 결심만으로는 아무것도 변하지 않는다. 거창한 계획보다 무심코 반복하는 작은 습관이 진짜 변화를 만든다.

그중에서 내가 가장 권하고 싶은 출발점은 '일기 쓰기'다. 뻔해 보이지만 무엇을 어떻게 적느냐에 따라 그 기록은 더 나은 삶으로 이끄는 강력한 나침반이 된다. 내게 일기 쓰기는 스스로를 코칭하고 삶을 주도적으로 설계하는 루틴이었다.

나는 학창 시절에 성적은 늘 뒤처졌지만 일기만큼은 누구보다 열심히 썼다. 매일 쓰지는 못했지만, 한 번 적을 때마다 내 생각과 감정을 빼곡히 담았다. 수십 년이 지난 지금도 그 일기장들을 펼치면 그 시절의 냄새와 풍경, 음악을 들으며 글을 쓰던 내 감정까지 생생히 살아난다. 그 습관은 나를 기존의 틀 밖으로 이끌었고 변화 속에서도 흔들리지 않는 나만의 중심을 세워주었다.

성인이 된 뒤에도 꾸준히 일기를 쓴다. 오늘을 돌아보며 감정을 정리하는 기록, 원하는 미래를 이미 이룬 내 시선으로 설계하는 기록. 이 두 가지 기록을 반복하면 내가 처한 현재와 가능성 있는 미래 사이에 다리가 놓인다.

다 빈치에서 하루키까지, 다양하고 꾸준한 기록의 힘

그날 떠오른 생각과 깨달음을 붙잡아두지 않으면, 그것들은 쉽게 흩어진다. 한 줄이라도 쓰면 그날의 배움이 다음 날로 이어진다. 르네상스시대의 천재 예술가이자 과학자인 레오나르도 다 빈치는 기록의 힘을 보여주는 대표적인 인물이다. 그는 발명 스케치, 해부학 그림, 도시 설계뿐 아니라 시장에서 본 물건의 가격, 날씨, 사람들의 표정 같은 사소한 것까지 모두 기록했다.

'새의 날갯짓은 어떻게 공기를 가르는가?', '물결이 부서지는 모양은 무엇과 닮아 있는가?' 등등 그의 노트는 관찰에서 질문으로, 질문에서 다시 관찰로 이어졌다. 그는 그러한 반복 속에 과학과 예술을 넘나들며 창조의 경계를 확장했다. 오늘 우리가 할 수 있는 기록도 눈앞의 장면을 보고 떠오른 의문 하나를 적는 것으로 충분하다.

독일의 위대한 작곡가 베토벤도 기록의 힘을 잘 알았다. 청력을 잃어가던 시절, 그는 '대화 노트'를 통해 세상과 소통했다. 그 속에는 일상뿐 아니라 곡의 단편, 악상에 대한 메모, 그날의 감정과 철학적 사색이 모두 담겨 있었다. 그에게 기록은 절망 속에서도 창작을 가능하게 한 버팀목이었다.

일본의 소설가인 무라카미 하루키는 글을 쓰기 전에 그날의 컨디션, 날씨, 운동량, 떠오른 생각을 간단히 기록한다. 하루의 리듬을 적어둔다는 하루키처럼 나만의 리듬을 기록하면 삶의 흐름이 보인다.

영국의 소설가이자 문학 평론가인 버지니아 울프는 집필 중에도 '작가의 일기'를 따로 써서 인물의 숨소리를 담기 위한 문장과 자신이 쓰고 있는 내용에 대한 냉정한 질문을 남겼다. 그녀에게 일기는 작품의 완성도를 높이는 작업장이자 스스로를 점검하는 거울이었다.

어렵게 생각하진 말자. 다 빈치처럼 관찰 하나를 적고, 베토벤처럼 감정을 남기고, 하루키처럼 하루의 리듬을 기록하며, 울프처럼 스스로에게 질문을 던지면 된다. 그리고 어제의 기록을 다시 읽으며 반복되는 생각과 감정을 발견하는 것. 그 발견이 내가 풀어야 할 과제이자 다음 질문의 재료가 된다.

매일을 기록하며
인생의 방향을 찾아간다는 것

우리는 매일을 빠르게 소모하며 살아간다. 아침에 눈을 뜨고 일터나 강의실로 향하고, 사람을 만나고, 일을 마치면 하루는 금세 저문다. 이 치열한 반복 속에서 우리는 종종 그런 하루를 '살아낸다'라고 표현한다. 그러나 아무리 열심히 산다 한들 이렇게 기계적으로 반복되는 하루는 '내가 왜 이 일을 하는지, 어디로 가고 있는지'를 잊게 만든다. 어느 순간부터는 시간만 흘렀다는 사실 외에 아무것도 남지 않는 날이 쌓이기 시작한다.

이럴 때 필요한 것은 거창한 변화가 아니다. 하루를 잠시 멈추고 돌아보는 작은 습관이다. 일기를 쓰며 그날의 경험과 감정을 되짚고, 내가 어떤 선택과 시선을 가졌는지 차분히 돌아보는 것이다. 이 짧은 여유가 삶의 방향을 바로잡는 출발점이 된다.

노벨경제학상을 받은 경제학자이자 심리학자 대니얼 카너먼Daniel Kahneman은 "우리는 경험한 대로 기억하지 않고, 해석한 대로 기억한다"라고 말했다. 그에 의하면 인간에게는 '경험하는 자아'와 '기억하는 자아'가 있는데, 경험하는 자아는 순간을 살고, 기억하는 자아는 그 순간을 다시 해석해 저장한다. 이는 일기의 본질을 잘 설명해 준다. 하루를 어떻게 바라보고 기록하느냐가 결국 내 기억과 정체성을 만든다. 즉, 일기를 쓰는 것은 삶에 대한 해석의 주도권을 내 손에 쥐는 것과 같다. 당신 삶의 주도권은 지금 어디에 있는가?

이러한 기록의 힘은 학문적으로도 오래전부터 주목받아왔다. 텍사스대학교 심리학자 제임스 페니베이커James W. Pennebaker는 타인을 의식하지 않고 자신의 경험과 생각을 자유롭게 적는 '표현적 글쓰기Expressive Writing'가 사람들의 심리와 건강에 미치는 영향을 30년 이상 연구했다. 그는 감정과 생각을 솔직하게 글로 옮겼을 때 스트레스 수준이 현저히 낮아지고 우울감이 완화되며 면역 반응이 향상된다는 사실을 발견했다. 특히 그는 부정적인 사건을 단순히 반복해서 떠올리는 것과 그것을 구조화된 언어로 기록하는 것은 전혀 다른 효과를 낸다고 했다. 글쓰기를 통해 지난날의 자신, 숨겨왔던 감정과 대면함으로써 비로소 과거와 작별하고 한 단계 성장할 수 있다는 것이다.

이렇듯 기록은 혼란 속에서 질서를 만드는 작업이자 마음을 회복시키는 과정이다. 성찰할 것은 성찰하고, 잊고 싶은 것들은 서랍에 넣어 깨끗이 정리할 수 있기 때문이다. 지금도 나는 하루의 경험을 곱씹고 내면의 소리를 듣는 기록의 시간을 통해 조금 더 단단해지고 또 한 걸음 앞으로 나아갈 힘을 얻는다.

내 삶을 주도하고 변화시키는
기록과 글쓰기의 놀라운 효과

요즘 실리콘밸리와 스탠퍼드대에서 인기 있는 수업 중 하나는 '인Yin 요가'다. 어둡고 고요한 공간에서 호흡과 함께 같은 동작을 천천히 반복한다. 나도 인 요가 수업을 들어보았는데, 처음에는 칼로리 소모가 적고 땀이 나지 않아 운동이 되지 않는다고 생각했다. 그러나 시간이 지날수록 이 수업은 몸이 아니라 마음을 단련하는 것임을 깨달았다. 굳었던 생각이 풀리고 감정이 숨을 쉬기 시작했다. 마치 일기를 쓰며 마음의 근육을 키우는 과정과도 닮아 있었다.

머릿속의 잡음이 글쓰기를 통해 문장으로 흘러나오면 생각이 응집되고, 감정이 제자리를 찾는다. 그 순간 하루는 '그저 보냈다'에서 '제대로 살았다'로 바뀐다.

나는 이 글쓰기의 힘을 여러 영역에서 체감해왔다. 비행을 처음 배우는 초보 조종사로서 비행 연습을 한 날이면 반드시 비행 일기를 썼다. 비행 거리와 경로, 그 항로를 선택한 이유, 중간의 실수와 그로부터 배운 점을 남김 없이 적었다. 집에 돌아와 영상을 확인하며 교신과 비행 과정에서 놓친 부분을 찾아 메모했다. 그리고 다음 비행 전에 메모를 꺼내 읽으며 날씨와 계획, 주의할 점을 다시 점검했다. 이렇게 쌓인 노트와 영상은 나를 더 안전하고 숙련된 조종사로 만드는 교본이 되었다.

어떤 날은 비행에서 받은 영감을 그림으로 옮겼다. 캔버스 위에는 그날의 감정과 생각이 색과 선으로 번져갔다. 그림은 나만의 또 다른 일기였다. 완성된 그림은 아이들의 상상력을 자극하는 워크숍 자료가 되었고, '1001 스토리 프로젝트'의 일러스트 작업에도 쓰였다. 때로는 자선 바자회에서 판매되어 수익금이 장학금과 교육 프로젝트의 자금으로 이어지기도 했다.

심리학자 수전 데이비드Susan David는 감정을 이해하고, 그것에 이름 붙이는 습관이 자기 인식을 강화하며, 특히 어려운 상황에서 회복력을 높인다는 점을 강조했다. 이를 위해 하루 단 몇 분이라도 감정을 마주하고 기록하는 습관을 가지는 것이 중요하다며, "감정에 명칭을 부여하는 순간, 그 감정은 우리를 휘두르는 힘을 잃는다"라고 말했다.

이와 같은 효과는 정신의학자 어빈 얄롬Irvin D. Yalom의 임상실험에서도 확인할 수 있다. 그는 우울증과 불안을 겪는 환자들에게 글쓰기와 자기 성찰을 권장했으며, 이를 통해 많은 환자가 감정 조절과 삶의 회복에 도움을 받았다. 얄롬은 이 변화를 두고 "글쓰기는 마음의 응급처치이며, 꾸준할 때는 장기 치료제가 된다"라고 말했다.

학자들의 연구가 전하는 메시지는 단순하다. 기록과 일기는 단순한 습관이 아니라 내 삶을 주도하는 강력한 도구라는 것이다. 한 줄의 문장, 한 장의 사진, 몇 초의 음성 기록이면 충분하다. 오늘 하루 있었던 일과 그때의 감정을 적고, 왜 그렇게 느꼈는지 스스로 짧게 해석해보라. 이 작은 기록이 3개월 후에는 습관이 되고, 1년 후에는 변화가 되며, 5년 후에는 전혀 다른 삶의 지도를 만들어낸다.

또한 일기는 과거만을 담는 그릇이 아니다. 오늘을 돌아본 다음 내일을 향한 한 줄을 덧붙여보라. 어떤 날은 반성의 일기, 어떤 날은 다가올 날을 설계하는 일기가 될 수 있다. 중요한 것은 매일 이 작은 대화를 나 자신과 나누는 것이다.

바로 오늘, 손에 닿는 가장 가까운 도구로 하루 중 기억나는 순간과 내일의 작은 바람을 적어보라. 그 한 줄이 마음의 근육을 키우는 첫 운동이자 앞으로의 삶을 이끄는 놀라운 힘이 될 것이다.

2장

안정적인 길을
거스를 용기가 있는가

이방인 마인드
Outsider Mindset

내 안의 나침반이 가리키는 곳은 '안정적인 길'이 아니라 아무도 밟지 않은 '황무지'일 때가 많다. 대부분의 사람은 이 순간, 과거의 성공 방정식을 현재와 미래에도 그대로 대입하며 남들이 다 가는 안전한 길을 택한다. 하지만 없는 길을 걸어본 사람은 안다. 안전한 길 위에서는 결코 새로운 바람이 불어오지 않는다는 것을. 아무도 가지 않는 길에서 누구도 던지지 않는 질문을 과감히 던질 때 우리는 진정한 나만의 인생을 만들 수 있다.

어디에서든 자유롭고 행복한
이방인처럼 살라

내가 유학 생활을 시작한 곳은 미국 조지아주의 한 시골 마을이었다. 유학을 앞둔 나는 미국에 대해 아는 것이 거의 없었다. 뉴욕이든 캘리포니아든 아이다호든, 스무 살의 내게는 큰 차이가 없었다. 그 시절엔 정보를 제공하는 전문 유학원도 드물었고, 지금처럼 인터넷이나 챗GPT로 손쉽게 알아볼 방법도 없었다.

그러던 어느 날 무심코 신문을 넘기다 조지아주에 있는 한 대학 총장의 설명회 공고를 발견했다. 호기심에 찾아간 그 자리에서 나는 난생 처음 미국 대학 설명을 들었다. 정보를 구하는 데 한계를 느끼던 나는 일말의 망설임 없이 그 학교로 가기로 마음먹었다. 지금에 비하면 준비도 계획도 턱없이 부족한 결정이었다. 대학을 선택하는 것보다 일단 어디에서든 시작하는 게 더 중요하다고 생각했던 것 같다. 나는 역시 무모했다.

어차피 달라질 게 없다면
"예스"라고 말하고 즐겨보자

미국 유학의 첫발을 디딘 곳은 조지아주의 외딴 시골 마을이었다. 처음 며칠은 막막했다. 의지할 사람도 도움을 청할 곳도 없었다. 아는 사람은커녕 동양인조차 거의 보이지 않았다.

슈퍼마켓에 가면 사람들의 시선이 따라왔다. 길에서 마주친 아이들이 "곤니찌와!"라고 외치며 달아나기도 했다. 일본인으로 착각하고 장난치는 아이들을 대하는 게 유쾌하진 않았다. 설사 내가 한국인이라고 밝혀도 북한 사람인지 남한 사람인지를 되묻고, 어디가 좋은(?) 나라인지 물어보는 수준이었으니 사람 대하는 것 자체가 꺼려졌다.

며칠이 지나면서 생각이 조금 바뀌었다. 속상할 수는 있지만 이런 일 때문에 모든 시간을 불편하게 보낼 수는 없었다. 이곳에서 계속 살아가야 한다면 어떻게 해야 할까? 상황이 달라지지 않는다면 불만 속에 머물 게 아니라 내가 할 수 있는 것과 배울 수 있는 것을 찾는 것이 현명하다는 생각이 들었다. 어차피 그런 눈빛은 따라올 것이고, 사람들은 자기 방식대로 나를 해석할 것이다. 그렇다면 이방인으로서 조금 더 자유롭게 살아보자고 마음을 정했다. 마음이 바뀌니 세상을 바라보는 각도도 180도 달라졌다. 낯선 상황 앞에서 "예스"라고 말하자 불편함은 줄고 호기심이 그 자리를 채웠다. 그 선택이 나를 더 나은 쪽으로 움직이게 했다.

돌아보면 그런 태도는 하루아침에 생긴 것이 아니었다. 나는 어릴 적부터 조금 독특했다. 자라면서 늘 "넌 좀 이상하다"라는 말을 들었다. 학교 공부에는 관심이 없었고 또래들과 어울리지도 않았다. 내가 즐긴 건 혼자 기계를 분해하거나 컴퓨터 매장을 돌며 코딩 연습을 하는 일이었다. 그러니 이상하게 보일 만했다. 어쩌면 그때부터 이미 나는 이방인이었는지도 모른다.

처음에는 그런 말들이 서운했다. 정말 내가 이상한 건가, 어딘가 문제가 있는 건가 의심한 적도 있었다. 청소년 시절에는 다른 아이들과 똑같이 얌전히 지내며 공부만 열심히 해야 하나 고민하기도 했다. 하지만 그것은 진짜 내가 아니었고 행복하지도 않았다. 책상에 앉으면 졸음이 밀려왔고 학교 가는 일은 아무리 노력해도 재미가 없었다.

사람은 원래 어느 누구와도 같을 수 없는 존재다. 얼굴도, 자란 환경도, 가진 재능도 제각각이다. 한 손에서 빚어져도 모양과 결이 각기 다른 그릇처럼 각자 고유함이 있다. 그 사실을 받아들이자 남들이 말하는 '이상함'은 숨겨야 할 결함이 아니라 오히려 나를 구별 짓는 독특한 무늬가 되었다. 나를 있는 그대로 인정한 순간 마음은 한결 가벼워졌고 세상을 대하는 시선도 달라졌다.

지금도 남들이 하지 않는 일, 가지 않는 길, 무모하고 상상하기 힘든 선택을 할 때면 속으로 중얼거린다. "그래, 이게 내 스타일이지."

바꿀 수 없는 세상에 맞서는 법, 이방인 마인드를 갖춰라

미국에서의 이방인 생활은 한국에서와는 전혀 달랐다. 자유롭고 개방적인 문화는 나를 점점 대범하게 만들었다. 아무도 내게 관심을 두지 않고 내가 조금 독특하게 행동해도 그저 '재미있는 동양인' 정도로 여기는 환경에서 나는 한층 더 자유로워졌다. 이방인이라는 처지는 누군가의 기대를 맞출 필요도, 불필요한 간섭을 감당할 이유도 없게 만들었다.

물론 매사 순탄했던 건 아니다. 웬만한 개성으로는 놀라지 않는 미국 사람들조차 나를 'alien', 외계인 같다고 부르곤 했다. 대학과 대학원 시절은 물론, 연구 현장에 있을 때도 남들이 거들떠보지도 않는 주제를 파고들다 보니 "역시 당신은 좀 외계인 같아"라는 말을 자주 들었다.

그런데 이상하게도 그런 말을 들을수록 오히려 신이 났다. '이번에도 내가 나답게, 좀 엉뚱한 일을 저질렀구나. 역시 나는 크레이지하구나.' 한국에서는 이상하다는 말이 상처였는데, 미국에서는 그 말이 나만의 개성처럼 여겨졌다. 결국 중요한 건 남이 내게 던진 말 자체가 아니라 그 말을 내가 어떻게 받아들이느냐였다.

'나는 여기에 속한 사람이 아니야'라는 자유로운 이방인 마인드는 꼭 먼 나라로 떠난 사람에게만 필요한 것이 아니다. 지금 일상에서 답답함을 느낀다면, 이 역시 이방인 마인드가 필요한 신호일 수 있다.

매일 같은 일을 하고, 같은 사람을 만나더라도 우리는 군중 속의 고독을 느낀다. 어떤 날은 내가 바꿀 수 있는 것이 아무것도 없다는 무력감에 빠지기도 한다. 하지만 관점을 바꿔 이방인이라는 정체성을 덧입히면, 고독과 무력감은 오히려 기회로 작용한다. 다시 시작할 수 있는 기회, 남의 눈치를 보느라 시도하지 못했던 도전을 해볼 수 있는 기회 말이다.

물론 이렇게 관점을 바꾸는 과정이 쉽지만은 않다. 나 역시 가끔은 외로웠고, 내가 제대로 가고 있는지 확신이 서지 않을 때가 있었다. 특히 한국에서 친구들이 안정적인 직장을 얻었다는 소식을 들을 때면, '나는 여기서 무엇을 하고 있는 걸까?' 하는 생각이 들기도 했다.

하지만 그런 순간들을 버텨낸 끝에 알게 된 것이 있다. 오직 내 관점에 따라 내가 서 있는 이곳이 척박하고 쓸쓸한 곳이 될 수도, 자유롭고 가능성이 가득한 곳이 될 수도 있다는 사실이다. 그래서 나는 지금도 여전히 새로운 놀이터를 찾아 떠난다. 익숙한 실리콘밸리를 뒤로하고, 중앙아시아를 거쳐 세계를 뛰어놀며 자유롭고 행복한 이방인으로서 삶을 즐길 수 있는 이유가 바로 여기에 있다.

세상 곳곳에 살고 있는
모든 이상하고도 외로운 외계인들에게

만약 큰 변화를 시도하고 싶지만 남들의 시선이 두렵다면, 지금 환경이 나와 어울리지 않는다고 느껴진다면, 누군가의 말 한마디에 마음이 흔들리고 열등감이 고개를 든다면, 차라리 스스로를 지구 바깥에서 온 '외계인'이라고 생각해보라. 애초에 다른 별에서 왔다면 남다른 것이 당연하지 않겠는가? 남들과 다르다고 주눅 들 필요도, 뒤처졌다고 불안해할 이유도 없다.

조금만 생각을 바꾸면 그 다름은 단점이 아니라 오히려 자유가 된다. 누군가의 기대를 맞출 필요도 없고 불필요한 간섭을 감당할 이유도 없다. 그 자유는 이방인 혹은 외계인만이 누릴 수 있는 특권이다.

'신기하다', '이상하다'라는 말을 들어본 모든 사람에게 진심 어린 응원을 보낸다. 자신의 색깔을 감추지 말고, 있는 모습 그대로를 인정하라. 굳이 어딘가에 소속되거나 억지로 섞일 필요가 없다. 어떤 틀에도 매이지 않은 자만이 누릴 수 있는 자유를 마음껏 만끽하라.

그리고 그 자유가 때로는 너무 외롭게 느껴진다면, 이 사실을 기억하자. 지구 곳곳을 옮겨다니며 오늘도 불시착한 동료 외계인들을 향해 손을 흔드는 누군가가 있다. '폴 김'이라는 이름을 가진 그는 자유롭고 행복하게 살아가는 당신을 열렬히 응원하고 있다.

누구나 없는 길을 만드는
혁신가가 될 수 있다

최근 들어 책에서도 뉴스에서도 강연에서도 빠지지 않고 등장하는 단어가 있다. 바로 '혁신'이다. 그런데 가만히 들여다보면 혁신이라는 말은 우리가 앞서 이야기한 이방인과 놀라울 만큼 닮아 있다. 세상에 없던 방식으로 생각하고 남들이 가지 않는 길을 걸어가는 것, 바로 그 '다름'이 혁신의 첫 불씨다. 혁신은 거창한 발명품이나 세계를 뒤흔드는 기술만 뜻하지 않는다. 남과 다르게 보는 눈, 방향을 바꾸는 발걸음, 익숙한 세계에 반문을 제기할 용기, 그것이야말로 혁신의 씨앗이다. 또한 이러한 혁신의 씨앗은 인공지능시대를 살아갈 우리 모두가 가져야 할 생존 키트라고 할 수 있다.

지금 우리는 인터넷, 스마트폰, 팬데믹 그리고 인공지능까지 거대한 변화의 물결 속에 서 있다. 기술의 속도는 해마다가 아니라 매주, 매일 가속화되고 있다. 미래의 직업과 삶의 모습은 더 이상 과거의 기준으로 예측할 수 없다.

그러나 많은 사람이 여전히 과거의 성공 방정식을 붙들고 산다. 불확실한 것은 불안하고, 이미 닦인 길이 안전해 보이기 때문이다. 하지만 없는 길을 앞서 걷는 사람만이 새로운 세상을 연다. 그런 의미에서 이방인의 자유와 혁신가의 도전 정신은 다르지 않다.

이방인으로 살아본 사람은 안다. 누구도 가지 않는 길을 홀로 걷는다는 건 때로는 외롭고 때로는 의심을 불러오지만, 그 길에서만 볼 수 있는 풍경과 배움이 있다. 그 길은 누구에게나 열려 있지만 먼저 발을 내디디는 사람은 많지 않다. 어쩌면 지금 당신이 서 있는 자리, 그 답답함과 낯섦의 자리야말로 혁신가로서 걷는 새로운 길의 초입일지 모른다.

내 안의 모든 스위치를 켜고
세상을 촘촘히 경험하라

조직심리학자 애덤 그랜트는 자신의 저서 《오리지널스》에서 대세를 따르지 않고 익숙한 전통을 과감히 거부하는 사람들을 '비순응자'라고 정의한다. 그들은 남들이 앞다투어 걷는 큰길이 아니라 발길이 닿지 않은 틈새에서 길을 발견한다. 그 틈새는 종종 외롭고 낯설지만 바로 그 자리에서 새로운 세상이 열린다.

지금까지 수많은 사람이 세상의 모습에 그대로 순응하지 않고, 새로운 길을 열어왔다. 네팔의 사회적 기업가 마하비르 푼Mahabir Pun 은 히말라야의 전기도 변변치 않은 산골마을에서 버려진 위성 접시와 작은 수력 발전기를 연결해 무선 인터넷을 보급했다. 이런 산골에 무슨 인터넷이냐는 조롱을 받았지만, 그는 포기하지 않았다. 그가 보급한 무선 인터넷 덕분에 마을 아이들은 온라인 수업을 들을 수 있게 되었고, 환자들은 원격 진료를 받을 수 있게 되었다. 그의 시연이 공론화되면서 세계 각지에서 자원봉사자들이 몰려들었고, 각 마을의 학교와 진료소를 중심으로 무선 인터넷이 확산되어 170개 마을에 무선 인터넷망이 구축되었다. 그의 시도는 결국 수많은 산간 마을을 세상과 이어주는 다리가 된 것이다.

브라질 아마존의 야노마미족 청년들 역시 또 다른 방식으로 길을 열었다. 숲을 파괴하는 불법 금 채굴을 막기 위해 그들은 드론을 직접 띄워 숲을 감시하고 데이터를 기록했다. 거대 도시의 연구소가 아니라 밀림의 작은 부족마을에서 시작된 이 소소한 시도는 공동체가 스스로 미래를 지켜내는 새로운 방법이 되었다. "우리가 우리 땅을 지키지 않으면 아무도 우리를 지켜주지 않는다"라는 절박함이 혁신의 출발점이었던 것이다.

아프리카 농촌에서는 또 다른 네트워크가 싹텄다. 인터넷도 제대로 닿지 않는 곳에서 농부들은 '위팜WeFarm'이라는 SMS 기반 플랫폼을 통해 서로의 지식과 경험을 나누었다. 비료가 모자라면 어떤 대체품을 써야 하는지, 병충해가 번질 때 어떤 작물 보호책이 있는지 등 농사를 지을 때 필요한 정보들이 짧은 문자 메시지로 공유되며 지식의 다리가 되었다. 이 연결망은 수백만 명의 농부들을 한데 모으며 거대한 지식 네트워크로 성장했다.

히말라야, 아마존, 아프리카 농촌. 도무지 희망을 찾아볼 수 없는 이곳 사람들은 저마다의 방식으로 새로운 내일을 열었다. 모두가 고개를 저으며 비켜간 자리에서 그들은 기회를 발견했다. 세상 사람들의 눈에는 그들이 이방인처럼 보였겠지만, 사실 그 '다름'이 세상을 바꿀 혁신의 씨앗이었다.

이들에게는 공통점이 하나 있다. 자기 안의 스위치를 모두 켠 채 세상을 바라본다는 것이다. '왜 안 될까?'라는 질문을 끊임없이 던지며 심장이 뜨겁게 반응하는 아이디어에 몸을 던진다.

그 용기가 길을 만든다. 마하비르의 무선 인터넷처럼 산맥 너머로 뻗어나가기도 하고, 야노마미 청년들의 드론처럼 숲을 지키기도 하며, 위팜의 문자 메시지처럼 오지의 농부들을 촘촘히 연결하기도 한다.

당신이 지금 서 있는 자리가 외롭고 낯설더라도 그곳이 새로운 길의 출발점일 수 있다. 그 길은 남들이 가지 않는 길이기에 두려움이 아니라 자유로 채울 수 있다. 그리고 그 길은 당신을 행복한 이방인, 세상에 없는 길을 만든 혁신가로 기억하게 할 것이다.

남을 돕는 봉사활동은
새로운 길을 찾는 실험실이 된다

없는 길을 걷는 사람들의 출발점은 그리 거창하지 않다. 아주 작은 호기심, 사소한 행동, 그리고 타인을 돕는 작은 손길에서 새로운 길이 열린다. 누군가에게는 단순한 봉사활동이 다른 누군가에게는 미래를 바꾸는 첫 신호가 된다. 그 소소한 순간들이 모여 세상에 없던 길이 조금씩 모습을 드러내기 시작한다.

그렇다면 그 길은 어떻게 찾을 수 있을까? 어떻게 해야 내 안의 스위치를 켜고 나만의 의미 있는 길을 찾을 수 있을까? 가장 좋은 방법으로 나는 봉사활동을 추천한다. 봉사활동은 경제적 부담 없이 다양한 환경과 사람을 만나며 세상을 넓게 바라볼 수 있는 기회와 경험을 준다.

요양원이나 주간보호센터에서 어르신들을 돕거나 소아암 병동에서 아이들에게 책을 읽어줄 수 있다. 자연을 가꾸는 활동도 좋은 방법이다. 환경보호단체와 함께 쓰레기를 줍거나 농촌 돕기 프로그램에서 과일나무 가지치기를 해보는 것이다.

처음엔 이것이 내 인생에 무슨 도움이 될까 싶을 것이다. 그러나 다양한 봉사활동을 경험하다 보면 어느 순간 가슴속에서 요동치는 무언가를 발견하게 된다. 전에 없던 감정적 동요와 함께 무엇을 할 때 내가 가장 보람을 느끼는지, 어떻게 하면 그 일을 더 잘할 수 있을지 스스로 묻게 된다. 그 물음이 새로운 학구열, 기술 개발, 혹은 스타트업 아이디어로 이어지면서 잘하고 싶은 일, 오래도록 몰입하고 싶은 일이 더욱 선명해진다.

소아암 병동에서 주말마다 책을 읽어주던 제자가 있었다. 그는 아이들이 부모 목소리로 동화를 들으면 더 좋아할 것이라 생각했고, 그 작은 아이디어에서 출발해 부모의 목소리로 책을 읽어주는 인공지능 기반 동화책 서비스를 고안했다.

또 다른 사람은 주말마다 쓰레기를 줍는 봉사활동을 하다가 재활용품 자동 분리 시스템을 떠올렸다. 그 아이디어는 폐기물을 재가공해 친환경 건축자재를 만드는 사회적 기업으로 발전했다. 과일농장에서의 봉사 경험이 원격으로 스마트농장을 관리하는 애플리케이션 개발로 이어진 경우도 있다.

유기견 보호소에서 봉사하던 한 청년은 동물복지에 눈을 떴다. 그는 강아지 건강을 모니터링하는 인공지능 서비스를 만들어 애견 커뮤니티와 복지 프로그램을 확산시키는 일을 시작했다.

이렇게 봉사활동은 새로운 길로 나아가는 실험실이 된다. 타인의 고충과 필요를 이해하고 공감하는 과정에서, 오히려 자신이 내적으로 치유되고 성장하기도 한다. 도움을 받는 사람이 결국 나 자신이라는 걸 어느 순간 깨닫게 되는 것이다.

봉사나 작은 경험에서 얻은 감각을 붙잡아 아무도 가보지 않은 쪽으로 방향을 틀어보자. 그 한 걸음이 '안정' 대신 '변화'를 선택하는 계기가 된다.

안전할 길 위로는
결코 새로운 바람이 불지 않는다

작은 도움의 손길로 시작된 길이 때로는 전혀 상상하지 못한 곳으로 이어진다. 소소한 경험을 넘어 무궁무진한 아이디어와 새로운 가능성의 발판이 되는 것이다. 대부분의 사람이 봉사활동을 잠시 들렀다 떠나는 섬 정도로 여긴다. 그러나 그 경험은 섬이 아니라 바다로 나가는 항로의 출발선이다. 그로부터 얻은 감각과 배움이 다음 선택의 나침반이 된다. 그런데 그 나침반이 가리키는 곳은 종종 '안정적인 길'이 아니라 아무도 밟지 않은 '황무지'일 때가 많다. 대부분의 사람은 이 순간, 과거의 성공 방정식을 현재와 미래에도 그대로 대입하며 남들이 다 가는 안전한 길을 택한다.

하지만 없는 길을 걸어본 사람은 안다. 안전한 길 위에서는 결코 새로운 바람이 불어오지 않는다는 것을. 아무도 가지 않는 길에서 누구도 던지지 않는 질문을 과감히 던질 때 우리는 진정한 나만의 인생을 만들 수 있다.

20세기 미국의 국민 시인으로 불리며 퓰리처상을 네 차례 수상한 로버트 프로스트 Robert Frost 는 시 〈가지 않은 길〉에 이렇게 썼다.

"숲속에 두 갈래 길이 있었다. 나는 사람들이 적게 걸어간 길을 택했다. 그것이 내 삶의 모든 것을 바꾸어놓았다."

그의 시처럼 낯선 길은 불편하고 때론 외롭지만 그 길 위에서만 새로운 세상과 마주할 수 있다. 물론 그 길은 쉽지 않다. 걸음마다 '이게 맞는 걸까' 하는 의심이 그림자처럼 따라붙는다. 그러나 그 불확실함은 언젠가 나만의 확실한 길로 단단히 굳어질 자양분이 된다.

철학자 존 스튜어트 밀의 말이 여기에 힘을 더한다.

"인류가 앞으로 나아가려면 평범하지 않은 사람들의 용기가 필요하다."

그 믿음을 품고 오늘도 누군가는 없는 길에 첫 발자국을 남긴다.

나다운 삶엔
고독이 따를 수밖에 없다

 혁신과 독창성을 추구하면서 남들과는 다른 길을 걷다 보면 종종 예상치 못한 감정을 마주하게 된다. 다른 삶을 꿈꾸며 걸어가지만 그 길에서 매번 찬란한 가능성만 마주하는 것은 아니다. 불안이 찾아오고 외로움이 파도처럼 밀려든다. 혼자라는 시간은 마치 긴 겨울밤 같다. 처음에는 견디기 힘들지만 그 한가운데에서 비로소 자기 내면의 불씨를 발견하게 된다.

 실리콘밸리에 사는 동안 나는 수많은 창업가들과 스타트업 관계자들을 만났다. 전 세계에서 찾아온 기업가는 물론 스탠퍼드대에서 공부하며 창업을 준비하는 젊은 청년들도 수시로 만났다.

 그중에 한 학부생이 있었다. 스타트업을 시작하며 나와 아이디어를 나누고 앞으로의 길을 깊이 고민하던 친구였다. 당시 그는 학교를 그만두고 창업에 전념할지 아니면 학업을 마친 뒤 창업을 시작할지를 두고 고민하고 있었다. 부모님은 학교를 졸업하고 시작해도 늦지 않다고 설득했지만 그는 학위보다 지금 당장 붙잡아야 할 열정이 더 중요하다고 말했다. 스무 살, 인생의 첫 갈림길 앞에서 그는 잠시 망설였지만 사업 아이디어를 논하며 반짝이던 눈은 이미 답을 품고 있었다.

아무에게도 이해받지 못하는 순간
당신이 기억해야 할 한 가지

그는 대학 입학 후 첫 여름방학에 실리콘밸리 지역의 홈리스, 마약 중독자, 불법체류 노동자의 자녀들에게 수학을 가르쳐주는 봉사활동을 했다. 여자친구를 따라서 아무 생각 없이 시작했지만, 열악한 환경에서도 웃음을 잃지 않는 아이들과 눈을 맞추고, 함께 핫도그를 나눠먹고, 머리를 맞대고 공부하면서 그는 새로운 세상을 만났다.

그렇게 만난 새로운 세상에서 그는 인공지능을 활용한 수학교육 사업을 구상하게 되었다. 정규 교육의 문턱을 넘지 못하는 아이들에게 인공지능이 새로운 사다리가 될 수 있다는 믿음이 그의 마음에 자리 잡은 것이다.

하지만 창업을 선택한 뒤 눈앞에 닥친 현실은 암울했다. 공들여 사업계획서를 쓰고 투자자를 만나 설득했지만 돌아오는 답은 없었다. 나는 그에게 처음 창업을 결심했을 때처럼, 주변의 어려운 아이들에게 공부를 가르치는 봉사활동부터 다시 해보라고 권했다.

시간이 한참 흐른 뒤 그에게서 큰 투자를 받았다는 반가운 소식을 들었다. 오랜만에 만나 그간의 이야기를 나누다가 내가 물었다.

"언제 가장 힘들었니?"

그는 잠시 생각하더니 말했다.

"돈이 다 떨어졌을 때도, 투자자들을 찾기 어려웠을 때도 아니었어요. 바로 아무도 내 옆에 없다고 느껴질 때였어요."

막상 학교를 떠나고 보니 무척 외로웠다고 했다. 학교를 졸업해 좋은 회사에 들어간 친구를 보면 어쩔 수 없이 주눅이 들었다. 여자친구에게 학교로 돌아가라는 권유를 들었을 때는 아무에게도 이해받지 못한다는 고독을 느꼈다고 했다.

그럴 때마다 그는 오지의 아이들을 떠올리며 바쁜 와중에도 봉사활동을 이어갔다. 아이들과 함께하는 시간 속에서 그는 외로움의 터널을 조금씩 지나올 수 있었다고 했다. 지금도 시간이 날 때면 피자를 사 들고 그 센터를 찾는다고 했다.

겉보기에 그는 널리 긍정적인 영향력을 전하는 젊은 CEO로서 성공 가도를 달리는 것 같았다. 하지만 가까이서 본 그의 길은 고독과의 치열한 싸움이 계속되고 있었다. 나다운 삶을 선택한다는 건 이처럼 고독을 동반한다. 중요한 건 그 고독에 휩쓸리느냐 아니면 그

위에 굳건히 서느냐다. 다수가 가는 길 대신 아무도 가지 않은 길을 택하는 것은 그 자체로 큰 용기다. 세상의 틀을 흔들고 새로운 가능성을 찾으며 의심 혹은 무관심을 버텨내야 한다.

하지만 외로움이 목덜미를 스치는 순간 기억해야 한다. 이 길 위에 당신만 있는 것은 아니라는 것을. 아무에게도 이해받지 못한다고 느끼는 이 순간에도 당신과 같은 마음으로 이 길을 걷고 있는 사람이 분명 있다는 것을. 앞서 걸었던 이방인이 있었고, 지금도 어딘가에서 묵묵히 걷는 동료들이 있다. 그들의 흔적이 당신의 이정표가 되고 당신의 발걸음이 또 다른 누군가의 길잡이가 된다. 혼자라는 시간 속에서도 발걸음을 멈추지 않는 한 우리는 이미 함께 걷고 있다.

고독의 시간을 통해
우리가 얻게 되는 것들

우리는 매 순간 사회의 기대와 내면의 목소리 사이에서 균형을 잡으며 살아간다. 그 과정에서 맞닥뜨리는 고독은 피해야 할 부정적 감정만은 아니다. 내게 이 고독은 창의성을 깨우고 스스로를 깊이 들여다보게 하는 힘이 된다. 기존의 틀과 세상의 시선에서 한 발짝 물러난 그 시간은 새로운 아이디어와 관점을 길어올리는 샘이었다.

고독의 시간은 사람과 사람 사이의 관계를 더 또렷하게 보게 하고 나와 세상을 잇는 보이지 않는 끈을 느끼게 한다. 앞서 이야기한 학생은 봉사활동에서 만난 한 아이를 계기로 인공지능 수학교육 사업을 시작했다. 외롭고 불안했던 때도 매주 아이들을 가르쳤고, 큰 투자를 받아 나스닥 상장을 준비하는 지금도 그 약속을 지키고 있다. 고독 속에서도 왜 이 길을 걷기 시작했는지를 잊지 않았기 때문이다. 물론 우리 모두가 그 학생과 같을 수는 없다. 그러나 한계를 뚫고 새로운 길을 스스로 찾아나서는 사람에게, 고독은 입장권 같은 것이다.

지금도 나는 가끔 밤하늘을 올려다보며 되새기곤 한다. 저 별들도 각자 홀로 빛나고 있지만, 서로 연결되어 아름다운 별자리를 만들어낸다는 사실을 말이다. 우리도 마찬가지가 아닐까? 각자의 자리에서 묵묵히 빛나면서도 보이지 않는 연결고리로 서로를 응원하는 것은 아닐까?

혹시 지금 당신이 외롭고 불안하다면 그것은 길 위에 있다는 증거다. 그 길이 때로 고독하게 느껴질지라도 당신은 결코 혼자가 아니다. 눈에 보이지 않는 수많은 동행자가 어둠 속에서 같은 방향을 향해 걷고 있다. 그리고 생각보다 많은 사람이 당신을 응원하고 있다는 사실을 잊지 않기를 바란다.

더 많은 기회의 문을 여는
창업가 마인드

고독 속에서 길을 개척하는 사람은 세상에 아직 존재하지 않는 미완의 지도를 손에 쥔 채 걷는다. 이방인이라 불리고, 때로는 스스로 외계인처럼 느끼며, 결국엔 혁신가로 남는 그들의 걸음은 언제나 낯설고 외롭다. 그러나 그런 걸음을 끝까지 지켜보면 알게 된다. 세상을 바꾸는 결정적인 열쇠는 바로 그들의 외로운 선택에 있다는 것을. 어쩌면 이는 이 시대에 정말 필요한 '창업가 마인드'가 아닐까 싶다.

2009년에 나는 르완다에서 현지인을 대상으로 창업 프로젝트를 진행했다. 르완다는 1994년 끔찍한 인종 학살이 벌어졌던 곳이다. 이 프로젝트의 목적은 원조 없이는 생존이 불투명한 그 지역 사람들에게 스스로 설 수 있는 힘과 미래에 대한 희망을 주는 것이었다. 하지만 현장에 가보니 15년이라는 시간이 흘렀음에도 사람들은 여전히 굶주림과 질병에 시달리고 있었다. 눈으로 보고도 믿기 힘들 만큼 지독한 가난이었다. 빌게이츠 재단 등에서 에이즈 환자들에게 무상으로 약을 지원했지만 끼니도 챙기지 못하는 상황이다 보니 기껏 약을 먹어도 그대로 토해내기 일쑤였다. 근본적인 해결책이 필요한 상황이었다.

나는 주민들이 자생할 수 있도록 작은 경제 시스템을 세우는 일을 시작했다. 먼저 그 마을에서 가장 신망 있는 연장자를 현지 총괄자로 세웠다. 그에게 투자금을 맡기고 우선순위를 정해 주민들에게 200달러씩 나누어주게 했다. 아무 조건 없이 받은 이 돈으로 사람들은 저마다 작은 사업을 시작했다. 헌 옷을 주워다 깨끗이 수선해 내다 팔거나 쓰레기 더미에서 쓸 만한 물건을 찾아 고쳐 되파는 식이었다.

그중에서 특히 기억에 남는 건 한 젊은 여인의 이야기다. 그녀는 200달러로 음료수를 구입해 길가에서 팔기 시작했다. 마진은 작았지만 하루하루 꾸준히 수익을 모아 자본금 2,000달러가 넘는 가게를 차릴 수 있었다. 그녀가 창업비용으로 받은 투자금은 다시 프로젝트로 유입되어 다른 사람의 창업자금으로 쓰였다. 성장이 또 다른 성장을 부르는 선순환이 생겨난 것이다.

200달러는 사업을 벌이기엔 부족한 돈이다. 그러나 비록 하찮은 돈일지언정 어떻게 쓰느냐에 따라 인생의 방향은 완전히 달라진다. 중요한 것은 자금의 크기가 아니라 그것을 대하는 태도와 실행력이다.

모두가 창업할 필요는 없다. 하지만 어떤 일을 하든 스스로 문제를 정의하고 해결하려는 창업가 마인드를 갖춘다면 인생에서 훨씬 더 많은 기회의 문이 열릴 것이다.

미래를 판가름할 결정적인 차이는 어디에서 비롯되는가

창업가 마인드를 사회 전체가 북돋우고 장려하면 변화는 더 크고 빠르게 일어난다. 스탠퍼드대의 경우 학부생의 약 3분의 1이 자신을 '기업가적 인간'이라고 여긴다. 학부 초기에 휴학한 후 창업 전선에 뛰어들어 끝내 학교에 돌아오지 않는 학생도 적지 않다.

학생이면 공부를 해야 하지 않냐고 물을 수 있겠지만, 오히려 스탠퍼드대학교는 학생들이 본인의 아이디어를 직접 구현할 수 있도록 실질적인 지원을 아끼지 않는다. 펀딩 프로그램과 특허·라이선스 계약을 지원해주는 것은 물론, 솔루션을 기업에 판매할 수 있는 경로까지 제공한다. 그러나 결과는 냉정하다. 이 가운데 90퍼센트가 실패한다. 그럼에도 학교는 망해도 좋으니 계속 도전하라고 강조한다. 프로젝트 100개 중 하나만 크게 성공해도 나머지 실패를 모두 상쇄할 수 있다는 믿음, 한 명의 성공이 세상을 바꾼다면 그 모든 투자가 가치 있다는 확신이 스탠퍼드의 정신이다.

그래서 이곳의 학생들은 '애플이나 삼성에 어떻게 들어갈까?'를 고민하기보다 '애플이나 삼성보다 더 큰 회사를 만들려면 어떻게 해야 할까?'를 묻는다. 어쩌면 비현실적이고 무모해 보이는 꿈이다. 그러나 바로 그 인식의 차이가 미래의 차이를 만든다.

안타깝지만 한국에서 창업은 여전히 위험하고 불안한 길로 여겨진다. 많은 학생이 '어떻게 하면 취직이 잘될까?', '대기업에 들어가기 위해 어떤 스펙을 쌓아야 할까?'를 먼저 고민한다. 위험을 감수하기보다 안정적인 직장을 최종 목표로 삼는 경우가 많다. 물론 그것이 틀린 선택은 아니다. 하지만 안전만을 좇는다면 진정한 사회적 가치를 창출하거나 변화를 주도하는 삶과는 거리가 멀어진다. 결국 남이 만든 길에서 뒤처지지 않기 위해 발걸음을 재촉하는 삶에 머물게 된다.

나 역시 사실 그런 한국의 문화에 익숙했기에 이러한 창업 교육 프로그램을 처음 접했을 때 무척 놀랐다. 너무 비현실적으로 느껴졌기 때문이다. 그러나 학생들이 변화하는 과정을 직접 지켜보며 창업가 마인드가 개인의 성장에 얼마나 큰 영향을 미치는지 깨달았다. 학생들이 체득한 건 직무의 틀을 넘어서는 '삶의 태도'였다. 그들은 맡은 역할만 수행하는 데 그치지 않고 스스로 기획하고 추진하며 숨겨진 재능과 관심을 끌어올리는 힘을 스스로 키워갔다.

창업 체험의 효과는 스페이스X가 설립한 실험 학교 '애드 아스트라Ad Astra'에서도 확인된다. 스페이스X 사옥 안에 위치한 이 학교는 정규 교육기관이 아닌 스타트업 인큐베이터처럼 운영되며, '리더로서의 사고와 결정'을 교육의 중심에 둔다. 학생들은 협상하는 법, 딜레마를 해결하고 리스크를 분석하는 법을 배우고, 실제 사회 문제를 놓고 깊이 토론한다.

예를 들어 '마을에 있는 공장을 폐쇄하면 환경은 개선되지만 주민들이 일자리를 잃게 되는 상황에서 어떤 선택을 해야 하는가?'와 같은 복잡한 문제에 관해 토론한다. 도시 계획 프로젝트에서는 수천억 원에 달하는 예산을 다루며 계산한다. 그 과정에서 아이들은 철학적 사고와 함께 세상을 바라보는 시야를 넓혀간다.

이처럼 창업 시뮬레이션 학습은 세상을 이해하고 바꾸는 눈을 길러준다. 학생들은 사회가 어떻게 돌아가는지, 그 안에서 무엇이 중요한 가치인지, 사람과 어떻게 관계를 맺어야 하는지를 자연스럽게 익힌다. 그리고 이방인이자 혁신가로 불리는 이들의 발자국을 따라 또 다른 미래를 그려나간다.

삶의 주도권을 쥐게 하는
작은 시도들을 가볍게 시작해보라

미국에서는 방학이 되면 많은 아이가 집 마당에 작은 테이블을 놓고 레모네이드를 판다. 언뜻 보면 놀이 같지만 이것도 훌륭한 창업가 훈련이다. 아이들의 작업은 단순히 음료를 진열하는 것으로 끝나지 않는다. 판매대를 어떻게 세팅할지, 가격은 얼마가 적당할지, 사람들의 시선을 끌기 위해 어떤 방식으로 홍보할지를 스스로 결정해야 한다.

만일 장사가 잘되지 않는다면 원인을 찾아나선다. 사람들이 왜 사지 않는지, 홍보 방식에 문제가 있는지 아니면 상품의 질을 높여야 하는지를 고민하고 직접 해결책을 찾는 것이다.

중요한 건 이 과정에서 소통 능력과 협업 능력이 자연스럽게 길러진다는 점이다. 창업에서 아이디어나 자금만큼 중요한 것이 바로 '함께할 사람'이다. 좋은 사람을 찾고 원활히 소통하며 같은 목표를 향해 나아가는 협업은 무슨 일을 하든 필수다. 아이들은 이런 작은 창업 경험을 통해 스스로 아이디어를 구상해 실현하는 것부터 협업을 통해 목표를 이루는 것까지 많은 것을 배운다. 그 시작이 비록 레모네이드 한 잔일지라도 그 속에는 세상을 새롭게 보는 시선이 자라는 것이다. 그래서 미국 부모들은 어린 자녀들에게 적극적으로 소소한 창업을 권한다.

창업에 관해 이야기할 때면 내 한국인 이웃이 한 명 떠오른다. 그녀는 아이디어가 많고 자기관리도 철저했으며 언젠가 자신의 사업을 하고 싶다는 꿈이 있었다. 그러나 결혼과 육아휴직, 아이들 교육비 등의 부담이 겹치며 무려 10년 동안 사업을 할지 말지만 고민했다.

그러던 어느 날 산책하던 길에서 그녀를 만났다. 아이들이 너무 원해서 강아지를 키우게 되었다는 그녀는, 보통 견주들이 늘어놓는 반려견의 귀여운 행동이나 훈련 방법, 병원 이야기 대신에 반려견 관련 사업 아이디어를 쉴 새 없이 이야기했다.

이야기를 듣던 나는 그녀 내면에 여전히 창업의 불씨가 살아 있다는 걸 느끼고 레모네이드 이야기를 해주며 이렇게 질문했다.

"혹시 작은 것이라도 직접 해본 경험이 있나요?"

그러자 그녀는 잠시 생각하더니 고등학교 시절 이야기를 들려주었다.

수능을 마치고 대학 진학을 고민하던 몇 달 동안, 일본 여행을 가고 싶었지만 부모님 눈치가 보였다. 어떻게든 여행 경비를 구해보려던 중, 아침 신문에서 '무인 꽃가게'에 관한 기사를 보고 불현듯 아이디어가 떠올랐다. 그녀는 즉시 집에 있던 재료로 샌드위치를 만들어 친척이 운영하는 무인 빨래방에 두었다. '맛있게 드시고, 돈은 상자에 넣어주세요'라는 메모와 함께였다.

그런데 예상치 못한 판매가 이어지면서 수익이 생겼다. 이에 그녀는 더 맛있는 재료를 구입해 더 양질의 샌드위치를 만들게 되었고, 이름까지 붙이며 아이디어를 발전시켰다. 몇 달간의 작은 사업은 대성공이었고 결국 일본 대신 유럽 배낭여행을 갈 만큼의 돈을 모았다. 이야기하는 동안 그녀의 얼굴에는 생기가 넘쳤고, 목소리에는 흥분이 묻어났다.

그런 그녀에게 나는 물었다.

"그럼 왜 지금은 못 하나요?"

그녀는 멋쩍게 웃으며 말했다.

"그땐 어려서 용감했거든요."

그녀가 잃어버린 것은 이방인처럼 낯선 길을 선택할 용기, 외계인처럼 세상을 다르게 보는 상상력, 혁신가처럼 실패를 받아들이는 마음가짐이었을지 모른다.

나는 젊은이들에게 '반드시 성공해야 한다'는 부담을 내려놓으라고 말한다. 한국 사람들은 특히 그 부담이 매우 큰 것 같다. 하지만 중요한 것은 고등학교 시절 그녀처럼 가진 자원 안에서 작게라도 시작하는 용기다.

주말마다 벼룩시장에 나가 수제 잼을 팔아보는 것, 직접 만든 제품을 온라인에 올려보는 것, 이 모두가 창업의 한 형태다. 이런 경험은 직장에서도 창의적이고 통합적인 시각으로 문제를 바라보는 힘을 길러줄 것이다.

완벽한 계획을 원한다면
그 무엇도 시작할 수 없다

무엇보다 잊지 말아야 할 것은 당신 역시 언제든 새로운 일을 만들고 위대한 기업을 세울 수 있다는 사실이다. 세상에 꼭 필요한 것이 무엇인지 열린 마음으로 관찰하고, 전공이나 직무의 틀을 넘어 더 넓고 입체적인 시각을 가져보라. 자신의 재능을 어떻게 하면 더 다채롭게 활용할 수 있을지 고민하는 순간, 창업가 마인드는 더 많은 기회의 문을 열어줄 것이다.

물론 시작은 쉽지 않다. 나 역시 르완다에서 창업 프로젝트를 준비할 때 수없이 망설였다. '이게 정말 효과가 있을까?', '혹시 더 안 좋은 결과를 만들지는 않을까?' 수많은 질문과 의심이 따라왔다. 그러나 완벽한 계획이 세워질 때까지 기다리기만 한다면 결국 아무것도 시작할 수 없다는 것을 깨달았다.

세상에 조금이라도 더 큰 영향을 미치고 싶은 마음이 있다면, 주저하지 말아야 한다. 두려움은 잠깐이고 창업가 마인드는 언제 어디서든 당신을 앞으로 나아가게 하는 강력한 엔진이 된다. 우리는 모두 누군가의 기회인 아이디어에서 시작된 세상에서 살고 있다. 이제 그 기회는 당신의 차례일지도 모른다.

3장

무작정 살기보다
나만의 'WHY'를 찾아라

목적의식
Sense of Purpose

많은 사람이 열심히 사는 데만 마음을 쏟는다. 열심히 사는 것은 물론 귀한 일이다. 그러나 지치지 않고 오래 즐겁게 달리려면 그리고 그 길 위에서 의미 있는 것들이 꽃피는 순간을 맞이하려면, 먼저 찾아야 할 것이 있다. 바로 당신만의 '왜'다. 그 '왜'는 삶의 흩어진 작은 조각들을 하나하나 모아 마침내 한 폭의 커다란 그림으로 완성시켜갈 것이다. 그리고 그 그림은 세상 그 누구의 것도 아닌, 오직 당신만을 위한 가슴 뛰고 찬란한 인생의 걸작이 될 것이다.

결국 삶을 이끄는 것은
선명한 목적의식이다

진로나 이직, 창업 문제로 내게 조언을 구하는 사람들이 종종 있다. 그럴 때마다 나는 오히려 되묻는다.

"음, 좋네요. 그런데 왜 그 일을 하고 싶으세요?"

나는 남에게 피해를 주는 일이 아닌 이상, 무슨 일을 하든 다 좋다고 생각한다. 중요한 것은 일 자체가 아니라 그 일을 하려는 이유, 즉 이면에 있는 '목적의식'이다. 자신만의 분명한 목표와 사명이 있다면 설령 강아지 똥을 치우는 일을 하더라도 충만한 의미를 갖게 되고, 반대로 단지 돈이나 인정을 얻고 싶을 뿐이라면 사람을 살리는 일을 하더라도 결국 공허감만 남게 된다.

그런 의미에서 인생에서 가장 중요한 과제는 강렬한 '왜'를 찾는 것이다. 이것을 찾는 순간 당신은 원하는 일을 기필코 해내게 하는 원동력을 얻게 될 것이다.

삶을 이끄는 강력한 질문
'내가 왜 이 일을 하는가'

2005년, 가벼운 마음으로 참여한 집짓기 봉사활동에서 나는 인생의 방향을 바꿀 분명한 목적을 만났다. 멕시코의 한 소외 지역으로 봉사를 가게 되었는데, 내 눈에 가장 충격이었던 것은 낡은 주거 환경이 아니었다. 어린아이들이 농장에서 일하는 것을 보고 현지인들에게 아이들이 학교에 언제 가냐고 물었더니, 동네에 학교가 아예 없다는 것이 아닌가. 무선 통신으로 전 세계가 실시간으로 연결되는 시대에 읽고 쓰는 것조차 배우지 못한 채 하루를 살아가는 아이들을 눈앞에서 보니 말문이 막히고 가슴이 저렸다.

그날 이후 내 삶에는 새로운 목표가 생겼다. 소외된 지역의 아이들에게 양질의 교육을 전하겠다는 분명한 목표가 세워지자 내 생각과 행동은 자연스럽게 그 목적을 향해 움직이기 시작했다.

목적의식이 분명하면 일상의 모든 순간이 그 목표와 맞닿게 된다. 억지로 아이디어를 짜내려 애쓰지 않아도 일상에서 불현듯 시선이 달라지는 순간이 찾아온다. 식사하다가도, 샤워하다가도, 전혀 다른 이야기를 나누다가도 내가 붙잡고 있는 문제의 실마리가 보이는 것이다. 이렇게 작은 변화들이 쌓여 막막하기만 하던 길이 조금씩 열리기 시작한다. 또한 목표와 이유가 선명하고 간절할수록 가능성은 더 빠르게 현실로 전환된다.

시간이 흐르며 내 발걸음은 더 넓은 세계로 향했다. 멕시코 방문 이후 나는 전 세계의 아이들, 특히 교육의 사각지대에 놓인 아이들과 다양한 교육 프로젝트를 이어갔다. 그중 팔레스타인과 이스라엘의 아이들을 직접 만난 경험은 내 생각을 한층 깊게 만들었다. 한쪽에서는 전쟁의 어두운 그림자가, 다른 한쪽에서는 날선 긴장이 아이들의 일상에 배어 있었다. 같은 또래임에도 표정과 말투, 태도에서 서로 다른 환경이 만든 간극이 보였다.

이 만남 이후 나는 자연스럽게 근래 들어 화두에 오른 인공지능과 뇌과학의 발전을 떠올렸다. 전쟁과 폭력은 아이들의 마음뿐 아니라 뇌 발달에도 깊은 상처를 남긴다. 특히 전두엽 발달에 미치는 부정적 영향은 인지능력, 실행능력, 계획능력의 저하로 이어진다. 그렇다면 분쟁 지역이라는 지역적 특성이 아이들의 집행기능executive functioning skill에 어떤 변화를 주는지 직접 측정할 수 있다면 어떨까? 진화된 인공지능을 활용하면 이 복잡한 실행 데이터와 신호들을 더 이해하기 쉽게 패턴화할 수 있지 않을까? 그 데이터를 바탕으로 더 나은 교육 환경을 제공할 수 있지 않을까? 생각은 꼬리를 물고 이어졌고 아이디어가 점점 구체화되기 시작했다. 그렇게 나는 또다시 무모한 도전을 실행에 옮겼다.

지금도 나는 이와 같은 분석 모델을 개발도상국 아이들의 교육 문제에 접목하기 위해 여러 연구와 학습을 이어나가고 있다. 그리고 이러한 사례들을 널리 나누면 더 많은 사람이 지금 고통받고 있는 이들에게 관심을 갖게 되리라는 희망을 품는다. 무엇보다 분쟁 지역에 하루빨리 평화가 찾아오기를 그리고 더 많은 사람이 아이들과 노약자의 삶을 위해 이 사회를 움직이기를 간절히 바란다.

목표가 직업 자체여선 곤란한 이유가 여기에 있다. 예를 들어 인생의 목표를 단순히 '의사가 되는 것'에 두는 사람은 목표를 이룬 뒤 방향을 잃을 수 있다. 그러나 의사라는 직업을 하나의 수단으로 삼아 더 큰 이유를 품는다면 한 번의 성취에 안주하지 않고 계속해서 새로운 도전에 나설 수 있다. 결국 삶을 이끄는 것은 일 자체가 아니라 '내가 왜 이 일을 하는가'라는 질문에 대한 답, 그 일에 의미를 불어넣는 분명한 목적이다.

삶의 흩어진 조각을 모을
나만의 분명한 '왜'를 찾자

이 질문에 나는 분명히 답할 수 있다. 내가 이 길을 가는 이유는 단순한 호기심이나 연구 목적에 있지 않다. 어떤 환경에 있든 세상의 모든 아이가 자신의 잠재력을 온전히 펼칠 수 있도록 최소한의 교육 기회를 보장해야 한다는 교육가로서의 사명과 확신이 내 안에 뿌리내리고 있기 때문이다. 이러한 선명한 목적의식이 있기에 나는 실패와 성공에 휘둘리지 않고 그 과정에서 아이들과 함께 배우며,

오늘에 머무르지 않고 늘 다음 도전을 향한 에너지를 새롭게 채울 수 있다.

그 도전의 일환으로 중년의 나이에 경비행기 조종사 자격증을 땄다. 이유는 단순했다. 교육봉사를 갈 때 길이 나지 않은 오지로 물자를 실어 나르기가 너무 버거웠기 때문이다. 그래서 직접 하늘길을 열어보기로 했다. 목표를 향한 열망이 충분히 뜨겁다면, 사람은 쉰이 넘어서도 기꺼이 새로운 길을 선택한다. 나는 그렇게 배우고 또 도전했다.

그 길은 힘겨운 과제가 아니라 기꺼이 전부를 바치고 싶은 여정이었다. 왜냐하면 내 삶의 한가운데에는 언제나 '왜'가 있었기 때문이다. 많은 사람이 열심히 사는 데만 마음을 쏟는다. 열심히 사는 것은 물론 귀한 일이다. 그러나 지치지 않고 오래 즐겁게 달리려면 그리고 그 길 위에서 의미 있는 것들이 꽃피는 순간을 맞이하려면, 먼저 찾아야 할 것이 있다. 바로 당신만의 '왜'다.

그 '왜'는 삶의 흩어진 작은 조각들을 하나하나 모아 마침내 한 폭의 커다란 그림으로 완성시켜갈 것이다. 그리고 그 그림은 세상 그 누구의 것도 아닌, 오직 당신만을 위한 가슴 뛰고 찬란한 인생의 걸작이 될 것이다.

인생은 짧디짧은 '대시(-)'로
축약된다

 미국의 작은 마을 공원을 걷다 보면 의외로 그 주변에 크고 작은 공동묘지가 자리한 모습을 보게 된다. 그럴 때면 나는 잠시 발걸음을 멈추고 묘역을 한 바퀴 돌아본다. 묘비마다 새겨진 문구를 읽다 보면 한 사람의 길고 복잡했을 생애가 얼마나 간결하게 정리되는지 새삼 절감한다.

 세상에 남긴 업적이 위대하든 평범하든 묘비에 남겨지는 건 크게 다르지 않다. 이름, 짧은 문장 한 줄 그리고 출생일과 사망일. 그 몇 글자가 전부다.

 그 앞에 서면 늘 이런 생각이 떠오른다.

 '인생은 '대시(-)'다.'

 출생일과 사망일 사이에 놓인 그 짧은 선, 바로 '대시$_{Dash}$'가 한 사람의 전 생애를 대신한다. 지금 내게 너무 중요한 문제들이 그 대시

앞에선 그리 대단치 않을 수 있다. 남의 시선에 맞추느라 애쓰는 일도 어쩌면 아무 의미 없는 소모일지 모른다. 눈앞의 문제에만 급급한 채 허둥지둥 하루를 보내다 보면 어느새 그 선은 사망일에 닿아 있을 것이다.

각자에게 주어진 그 짧은 대시를 어떻게 그릴지는 온전히 자기 몫이다. 마지막 날에 그 선을 돌아봤을 때 내가 원하는 그림이 아니라 그저 그려지는 대로 흘러간 흔적이라면 그만큼 스스로에게 미안한 일은 없을 것이다.

인생의 모든 순간을
내게 가치 있는 것으로 채운다면

나는 흐르는 시간이 너무 아깝다. 호기심이 많은 성격 탓에 배우고 싶은 것도 시도해보고 싶은 것도 많다. 그런데 내게 주어진 시간이 점점 줄어든다는 것을 매일 실감하니 하루하루가 너무 소중하다.

이런 생각은 아버지로부터 비롯되었다. 아버지는 쉰아홉 살, 백세 시대인 오늘날로 보면 꽤 이른 나이에 세상을 떠나셨다. 술과 담배를 즐기셨지만 건강하고 강인한 분이셨다. 돌아가시기 한 달 전까지도 그 누구도 아버지의 죽음을 생각하지 않았다. 나 역시 마찬가지였다. 아버지께서는 아무 걱정 말라며 걸어서 입원하셨다. 대학을 막 졸업한 스물셋이었던 나는 아버지가 금방 퇴원해서 집으로 돌아오실 거라고 철석같이 믿었다. 하지만 곧장 깨달았다. 삶과 죽음 사이의 거리가 이렇게나 짧고 그 경계가 예고 없이 무너질 수 있다는 것을.

어려서부터 나는 유독 아버지를 닮았다는 말을 들어왔다. 그래서일까? 나 역시 긴 생을 부여받지 못했을 것이라는 생각이 자리 잡았다. 이 생각은 나를 쉴 수 없게 만들었다. 일정이 없는 날에도 가만히 있지 못한다. 집을 손보고 나무를 심고 자동차를 닦고 그림을 그리고 때로는 배낭을 메고 산길을 오른다.

많은 사람이 내게 묻는다. 그렇게 바쁘게 살면 지치지 않느냐고. 만약 누군가에 의해 강제로 떠밀린 일정이라면 진작에 그만뒀을 것이다. 명예나 부가 따라온다고 하더라도 이렇게까지는 못 살았을 것 같다. 내가 이렇게 숨 가쁘게 사는 이유는 단 하나다. 식상하게 들릴지 모르지만, 짧은 인생이 진심으로 내게 너무 소중하기 때문이다.

삶은 단 한 번뿐이다. 다시 돌아올 수 없고 그렇기에 한순간이라도 허투루 쓰고 싶지 않다. 해보고 싶은 일은 가능한 한 모두 해보고 싶다. 남들 눈에 무모해 보이거나 세속적으로 손해가 될지 여부는 고려 대상이 아니다. 내게 가장 중요한 건 그것이 내 마음을 움직이느냐는 것이다.

얼마 전 한국에서 아프리카와 난민 문제에 깊은 관심을 가진 기자를 만난 적이 있다. 그는 몇 년 동안 직접 아프리카에서 생활한,

소신과 행동력 있는 기자로 잘 알려져 있었다. 나는 큰 기대를 품고 그를 만났다. 그러나 대화는 뜻밖에도 내가 왜 명문 스탠퍼드대를 떠나 굳이 힘들게 '국경 없는 교육가'로 활동하려 하는지에만 집중되었다. 같은 질문이 도돌이표처럼 반복되자 나는 그에게 되물었다.
"그럼 기자님은 왜 아프리카에 가셨나요?"
순간 침묵이 흘렀고 그는 끝내 아무 대답도 하지 않았다.
죽음이라는 단어가 일찍부터 내 곁에 있었기에 나는 오래전에 결심했다.
'어차피 길지 않은 인생, 하고 싶은 거 다 하며 살자.'
아버지가 세상을 떠난 나이에 가까워질수록 그 결심은 더 단단해진다. 그래서 나는 오늘도 내 하루를 더 의미 있는 것들로 채우려 애쓴다.

죽음을 자주 생각할수록
삶은 더 선명해진다

우리는 살면서 '어떻게 살아야 하는가'에 대해 수없이 이야기한다. 어떤 친구를 사귀어야 하고, 어떤 전공을 선택해야 하며, 어떤 직업을 가져야 하는지, 심지어 어떤 배우자를 만나 어떤 방식으로 아이를 키워야 하는지까지 세상은 끊임없이 삶의 지침을 쏟아낸다.

그러다 결국 모든 시간을 세상이 정해준 틀에 채워버린다. 다들 그렇게 산다고 합리화하면서.

삶의 시간표는 스스로 만들고 채워야 한다. 하고 싶은 일을 하다 보면 남들에게 무시를 당할 수도 있고, 때로는 고독할 수도 있다. 그러나 그것은 인생이라는 큰 선을 이루는 무수한 점 중 하나일 뿐이다. 그 순간은 곧 지나간다.

우리가 기억해야 할 것은 인생의 마지막 순간에 완성될 그 '선'이다. 순간순간의 점을 내 마음이 아닌 세상의 요구에 쫓겨 찍었을 때, 과연 그것을 내가 그렸다고 할 수 있을까? 붓을 뗐을 때 후회하지 않을 수 있을까? 그런 의미에서 나는 생의 마지막 순간을 가슴에 간직하며 살아야 한다고 생각한다. 죽음을 더 자주 생각할수록 삶은 더 선명해진다. 끝을 염두에 두고 살면 오히려 하루하루가 얼마나 소중한지 알게 되며, 매순간 더 잘 살기 위해 애쓰게 된다.

우리가 무심히 보내는 하루하루는 짧은 대시(-)를 완성해 가는 찰나의 여정이다. 훗날 죽음으로 완성된 내 대시가 어떤 모습일지 상상해보라. 듬성듬성 빈 곳이 많은 힘없는 대시일지, 굴곡 있고 역동적이며 선명한 대시일지, 그 결과는 철저히 자신에게 달려 있다.

그러니 쉼 없이 경험하고, 느끼고, 꿈꾸길 바란다. 당신의 '대시'는 아직 전반부밖에 지나지 않았다.

나는 좋아하는 일만
하며 살겠다

좋아하는 일을 해야 할까, 잘하는 일을 해야 할까? 아니면 돈을 잘 버는 일을 해야 할까? 진로 문제 앞에 선 사람이라면 누구나 이 질문과 마주한다. 사실 이미 자기 길을 선택해 살고 있는 사람도 이 문제에서 자유로울 수 없다. 한 직장에서 평생을 보내는 일이 드물어진 요즘, 인생 어느 시점에서든 일과 역할을 완전히 새로 정립해야 할 순간이 찾아오기 때문이다.

어떤 일을 해야 할지 모르겠다며 찾아오는 학생이 종종 있다. 그럴 때 나는 먼저 좋아하는 일을 해보라고 말한다. 다만 여기서 말하는 '좋아하는 일'이란 잠깐의 호기심에서 비롯된 것이어선 안 된다. 반복해도 쉽게 싫증 나지 않고, 하면 할수록 새로운 깨달음과 즐거움이 더해지는 일이어야 한다. 어제도 재미있었고 오늘도 즐겁고 내일도 하고 싶은 일. 그런 일을 찾았다면 그다음 해야 할 일은

'몰입'이다. 시간을 잊고 파고드는 집중이 쌓일 때 비로소 길이 열린다.

하지만 한 가지 생각해볼 문제가 있다. 좋아하는 일이 곧 잘하는 일을 의미하지는 않는다는 점이다. 그래서 이 두 영역의 균형이 필요하다. 내가 오래 버틸 만큼 사랑할 수 있는지, 결과로 증명할 만큼 실력을 키울 수 있는지 그리고 그 결과가 누군가에게 경제적 가치로 환산되어 보상 가능한지를 잘 살펴야 한다. 이 세 가지 조건을 모두 충족시키는 일이야말로 내가 설 수 있는 무대가 된다.

그런 일을 찾는 방법은 의외로 단순하다. 작은 단위로 시도하고 빠르게 피드백을 받은 뒤 그에 맞춰 방향을 조금씩 조정하는 것이다. 좋아함은 습관을 만들고, 습관은 실력을 키우며, 실력은 신뢰를 쌓는다. 그리고 신뢰가 쌓이면 기회는 스스로 찾아온다.

좋아하는 일을 하다 보면
결국 모든 점은 연결된다

스티브 잡스는 1972년 리드칼리지Read College에 입학했지만 6개월 만에 정규 과정을 그만두고 청강생으로 남았다. 점수와 학위에 매달리기보다 끌리는 수업을 듣는 데 시간을 쓰기로 한 것이다. 학위 대신 선택한 수업 중 하나가 '활판 인쇄와 서체디자인' 강좌였다. 그는 그 수업에서 글자의 균형과 자간, 서체의 미학과 역사, 곡선과 직선이 주는 미묘한 차이, 글자에 담긴 감성을 배웠다. 당장 어디에 활용할 수 있는 지식은 아니었지만 그 아름다움에 매료되어 끝까지 수업을 들었다.

그런데 그 경험이 그가 10년 뒤 맥을 만들 때 결정적인 역할을 했다. 대부분의 컴퓨터가 단순한 글자만 표시하던 시절, 맥은 다양한 폰트와 정교한 자간을 지원하는 최초의 개인용 컴퓨터가 되었다. 잡스는 훗날 2005년 스탠퍼드대 졸업식 연설에서 이렇게 말했다.

"점들은 미리 연결되지 않는다. 좋아하는 일을 하다 보면, 나중에 돌아봤을 때 모든 점이 연결돼 있는 것을 발견하게 된다."

그의 말은 내가 앞서 이야기한 묘비의 대시(-)와 닮았다. 인생의 모든 순간은 그저 하나의 점에 불과하다. 그러나 내가 선택한 점들이 모여 나만의 선을 만들고 그 선이 결국 내 삶을 증명한다. 남이 그어준 점이 아니라 내가 찍은 점들로 완성된 대시야말로 가장 나다운 인생일 것이다.

우리는 잠자는 시간을 빼면 하루 대부분을 일하며 보낸다. 일의 가장 직접적인 목적은 생계를 유지하는 것이다. 그러나 일은 그 이상의 의미를 지닌다. 내 삶의 기쁨과 의미, 관계와 성장을 함께 묶어주는 중심축이 된다. 결국 '무엇을 할 것인가'라는 물음은 '어떻게 살 것인가'라는 물음과 맞닿아 있다.

삶의 방향을 정할 때 우리는 늘 저울질한다. 마음이 끌리는 길과 현실이 요구하는 길을 두고 균형점을 찾으려 애쓴다. 이 균형점을 찾는 방법은 세 요소가 만나는 지점을 발견하고 거기에 뿌리를 내리고 키워가는 것이다.

좋아하는 것인가, 잘하는 것인가, 경제적으로 가치가 있는가. 이 세 가지 중 어느 하나만 붙들고 살 수는 없다. 교차점을 찾아내고 그 자리에서 오래 버틸 힘을 길러야 한다. 그리고 나는 그 지점이 '좋아하는 것'에 있다고 믿는다.

그래서 나는 앞으로도 좋아하는 일을 하면서 살 생각이다. 그것이 하루를 의미 있게 하고, 대시 위에 나만의 점을 찍는 가장 좋은 방법이기 때문이다. 언젠가 그 점들이 선으로 이어질 때 나는 주저 없이 말할 수 있을 것이다. 이것이 내가 선택한 길이었고, 그래서 내 인생은 나답게 완성되었다고.

〈어 퓨 굿 맨〉을 수십 번 보고난 후
내가 깨달은 것

좋아하는 일을 오래 이어가려면 때로는 당장은 즐겁지 않더라도 반드시 해야 하는 일이 있다. 내게 그것은 영어였다. 하고 싶은 일을 더 넓은 무대에서 더 많은 사람과 나누려면 영어가 필요했다. 쉽지 않았지만 좋아하는 일을 하기 위해서라면 그 과정 또한 기꺼이 감당할 수 있었다. 많은 사람이 내게 묻는다.

"그래서 어떻게 그렇게 영어를 잘하게 되셨어요?"

한국에서 거의 꼴찌였던 내가 미국에 유학을 가서 박사학위를 받고 스탠퍼드대에서 강의까지 하게 된 것을 보니 거기에 어떤 특별한 비결이 있을 거라 짐작하는 것이다. 하지만 해답은 언제나 단순하다. 누구나 알고 있지만 정작 실천하지 않는 것, 즉 자신에게 맞는 방법을 찾고 그 방법에 온전히 몰입하는 것이다.

미국에서 영어를 공부하던 시절, 나는 톰 크루즈 주연의 법정 영화 〈어 퓨 굿 맨A Few Good Men〉을 자막 없이 무수히 반복해 봤다. 톰 크루즈가 서른 살을 갓 넘겨 찍은, 제법 오래된 작품이었다. 쿠바 관타나모 미군 해군기지에서 발생한 한 해병의 죽음을 두고 미군 변호인 팀이 진실을 파헤쳐가는 이야기다. 법정 용어가 많고 문장 구조도 쉽지 않았지만 영화의 몰입도와 긴장감이 나를 사로잡았다.

그렇다고 재미 삼아 영화를 보기만 한 게 아니다. 대사 중 모르는 단어나 숙어는 하나하나 사전을 찾아 기록했고, 영화와 관련된 비하인드 스토리와 감독과 배우의 코멘터리까지 모두 찾아봤다. 그렇게 하다 보니 모든 대사의 의미와 맥락을 완벽하게 이해하게 되었고 나중에는 대사 자체를 그대로 외울 정도가 되었다.

그리고 어느 순간 놀라운 변화가 찾아왔다. 영화와 비슷한 상황이 일상에 닥칠 때마다 머릿속에 저장된 문장이 자연스럽게 튀어나왔다. 문법을 떠올리거나 문장을 조합할 필요가 없었다. 그렇게 내게 잘 맞고 재미있는 공부 방법이 있었는데도 그전까지 나는 영어

문법책에 밑줄만 긋는 데 시간을 허비했던 것이다. 돌이켜보면 아무도 내게 그 영화를 수십 번 보라고 시키지 않았다. 그저 내가 흥미를 느끼고 자발적으로 선택해 몰입한 결과였다. 그 즐거움이 실력 향상으로 이어진 것이다.

중요한 건 남들이 했던 방법을 그대로 따라 하지 않았다는 것이다. '누가 이렇게 해서 성공했다'라는 이야기는 참고할 수는 있지만 그것이 내게 꼭 맞는다는 보장은 없다. 내 흥미와 리듬, 환경과 성향에 맞는 방법을 스스로 찾아야 한다. 시간 가는 줄 모르고 몰입할 수 있어야 오랫동안 깊이 파고들 수 있다.

당신만의 방법을 찾았다면, 이제 몰입하라. 영어든 글쓰기든 그림이든 어떤 일이든 상관없다. 좋아하는 마음이 있으면 어떤 어려움이 와도 기꺼이 반복하고 끝까지 파고들 수 있다.

몰입과 배움으로부터
좋아하는 일을 찾을 수 있다

좋아하는 일은 머릿속으로만 그려서는 찾을 수 없다. 손끝이 닿고 몸이 부딪히는 그 순간에서야 비로소 마음이 반응한다. 책이나 뉴스에서 혹은 스쳐가는 사람의 이야기를 통해 세상의 다양한 일을 들여다보라. 그러다 문득 마음을 붙잡는 장면과 마주하는 날이

올 것이다. 그날이 바로 시작의 순간이다.

또 다른 방법은 자신의 어린 시절을 차분히 돌아보는 것이다. 과거 내가 어떤 순간에 웃었는지, 무엇을 하며 밤을 새웠는지, 어떤 활동이 나를 가장 설레게 했는지를 하나씩 떠올려보라. 그 기억 속에는 지금의 나를 이끌어줄 실마리가 숨어 있다.

나는 어릴 적부터 만들기를 좋아했다. 나무를 깎아 장난감을 만들고 버려진 가전제품을 분해해 속을 들여다보며 시간을 보냈다. 친구들과 뛰어노는 시간보다 내 손을 움직이며 무언가를 완성하는 시간이 더 즐거웠다. 그 시절의 몰입은 세월이 흘러도 사라지지 않았다. 그래서 지금도 버려진 가구나 나무를 보면 손이 먼저 움직인다.

미국에 와서는 벽걸이 시계나 작은 테이블을 만드는 데 도전했다. 하지만 설계나 도면 없이 그저 마음 가는 대로 스케치하고 만드는 탓에 균형이 맞지 않거나 어딘가 어설픈 결과물이 나올 때가 많았다. 성격이 급한 내겐 치수를 하나하나 재고 꼼꼼히 설계하는 과정은 답답하고 지루했다. 그러나 이제는 안다. 기초 작업을 제대로 익혀야만 내가 원하는 디자인과 상상 속의 작품을 온전히 완성할 수 있다는 것을. 그래서 올해부터 집 근처 목공 수업을 등록해 처음부터 차근차근 배우기로 했다.

목공 수업에 다니면 전문가의 손끝에서 나온 노하우를 가까이에서 보고 들을 수 있고 같은 취미를 가진 사람들과 자연스럽게 이야기를 나눌 수도 있다. 서로의 작업을 보며 배우고 전혀 다른 시각에서 떠오른 아이디어를 주고받는 가운데 작업은 더 깊고 풍성해진다. 혼자서는 상상하지 못했던 일들이 함께하는 자리에서 현실이 된다.

목공 수업을 떠올리면 설렘과 함께 하고 싶은 일들이 머릿속에 가득 찬다. 직접 만든 의자를 대학원에 입학하는 딸에게 선물하고 싶고, 마음이 맞는 사람들과 유기견 보호소를 방문해 강아지들의 생활공간을 고치고 작은 집도 지어주고 싶다. 혼자서는 엄두가 나지 않지만 함께하는 힘이 있다면 가능할 것이다. 그렇게 만든 물건이 누군가의 일상을 조금 더 따뜻하게 바꿀 수 있다면 치수를 재고 설계하는 반복적인 과정도 귀찮지 않을 것이다. 오히려 그 시간은 작품 속에 마음을 담아내는 시간, 지루함조차 사라지는 시간이 될 것이다.

물론 목공은 몸이 고생하는 일이다. 작업 도중 나무에 베이거나 망치로 손가락을 찧는 일은 흔하다. 피가 나고 살이 벗겨지기도 한다. 하지만 나는 그것마저 배움의 과정이라 생각한다. 나무의 결을 느끼고 도구의 무게를 익히며 몸이 기억하는 기술을 습득해가는 시간. 손끝이 단단해질수록 마음도 함께 단단해진다.

이런 이야기를 꺼내자 우리 집 가족들이 웃으며 말했다.

"이러다 아빠가 운영하는 시즈오브임파워먼트에 아프리카 아이들 책상 만들어주기나 유기견 집짓기 같은 프로젝트가 생기는 거 아니야?"

처음엔 농담처럼 들렸지만 그 말이 이상하게도 내 마음속에 남았다. 생각해보면 정말 그런 날이 올 수도 있다. 아니면 전혀 다른 방향의 일이 펼쳐질 수도 있다. 중요한 건 책상 앞에서 머릿속으로만 그려서는 어떻게 전개될지 결코 알 수 없다는 사실이다. 직접 손으로 만들어보고 부딪히고 실패하고 다시 시도해야 비로소 알게 된다.

좋아하는 일을 찾아간다는 것은 결국 혼자만의 몰입과 함께하는 배움이 한 줄기로 엮어지는 것이다. 그 두 가지가 어우러질 때 일은 더 깊어지고 삶은 더 넓어진다.

인생이 성공하는 유일한 방법은
나만의 길을 만들어내는 것이다

어린 시절 나는 컴퓨터 학원에 다니고 싶었지만 부모님이 보내주시지 않아 학원의 창문 너머로 강의를 훔쳐보며 코딩을 배웠다. 어깨너머로 배웠으니 코딩 실력이 좋을 리 없었지만 자판으로 무언가를 만들어낸다는 것만으로 마냥 행복했다. 그러나 좋아하는 일에 깊이 빠져들다 보니 학교 공부에는 소홀해졌다. 주변 어른들은 나를 허튼짓만 하는 아이로 여겼다.

성인이 된 후에도 상황은 달라지지 않았다. 개발도상국 아이들을 위한 교육 솔루션 개발은 큰 연구비를 벌어들이는 분야가 아니다.

연구비가 부족하니 오히려 내 돈을 쏟아붓는 경우가 허다했다. 교육 디바이스를 기부받기 위해 여러 곳을 찾아다니고, 그 안에 교육 프로그램을 탑재하려고 전문가들에게 자문할 때마다 왜 그런 일에 에너지를 낭비하느냐는 질책에 가까운 질문을 받곤 했다.

좋아하는 일을 하며 사는 길은 사실 순탄하지만은 않다. 그 일을 통해 사회적으로 인정받을 수 있다면 괜찮겠지만, 내가 가는 길이 시대의 흐름과 다르다면 반드시 선택의 순간이 온다. 외톨이가 될 각오로 좋아하는 일에 승부를 걸 것인지 아니면 주류에 들어가 사회가 정한 성공을 향해 치열히 경쟁하며 달릴 것인지 말이다. 그 선택에는 반드시 그 일에 대한 그리고 그 일을 하려는 자신에 대한 믿음이 있어야 한다.

그 믿음의 힘을 보여주는 청년이 우리 가까이에 있다. 〈다이어트 과학자 최겸Gyum Choi〉이라는 채널을 운영하는 유튜버 '최겸'이다. 자신의 채널을 통해 매주 다이어트와 식생활에 관한 과학적 지식, 건강한 음식 레시피 그리고 관련 논문 리뷰까지 방대한 지식을 전하고 있다. 그는 철저한 자료 조사와 체계적인 구성으로 신뢰를 얻었고 시간이 지나면서 자신이 개발한 키토제닉 식품을 판매하는 온라인 쇼핑몰과 식품회사를 운영하게 되었다. 그야말로 '다이어트 과학자'라는 새로운 직업을 스스로 창조한, 혁신적인 창직의 주인공이라 할 수 있다.

한국의 특수목적고를 졸업하고 명문대에 입학할 만큼 공부를 잘

했던 그는 의대에 진학하라는 조언을 수도 없이 들었다(지금도 여전히 그런 이야기를 듣는다고 한다). 그러나 그는 의대 졸업장과 의사 면허 대신 자신이 진심으로 탐구하고 싶은 건강한 식생활과 다이어트에 관한 연구를 선택했다. 제약회사나 식품회사의 이해관계 밖에서 건강한 식생활과 다이어트에 관한 올바른 지식을 많은 사람에게 알리고자 유튜브를 시작했고 그 길을 꾸준히 걸으며 사업으로까지 확장했다.

소신과 열정으로 빚어낸 그의 콘텐츠는 건강 문제로 고통받는 사람들에게 긍정적인 에너지를 주었고 실제로 많은 이가 그의 조언 덕분에 식습관을 개선하며 건강한 몸의 변화를 경험했다. 3분 만에 끝나는 병원 진료에서는 듣기 힘든, 실질적이고 생활밀착형인 조언이었기에 더욱 값졌다. 특히 최신 영어 논문들을 하나하나 번역해 누구나 이해할 수 있도록 풀어내는 그의 노력에는 웬만한 전문의에게선 찾아보기 힘든 정성과 배려과 엿보인다.

나는 그의 행보에서 진심과 열정을 느낄 수 있었다. 그래서 영상이 올라올 때마다 '좋아요'를 누르고, 엄지척을 보낸다. 오프라인 강의를 한다는 소식을 접하고 꼭 참석하고 싶었지만 티켓을 구하지 못해 아쉬움이 컸다.

그는 다른 많은 특목고 졸업생들처럼 의사의 길을 걸을 수도 있었다. 그러나 과감히 그 길을 버렸다. 대신 '다이어트 과학자'라는 자신만의 새로운 길을 개척했다. 배움은 머릿속에만 갇혀 있을 때 빛을 잃는다. 그는 자신이 쌓아온 지식과 경험을 혼자 간직하지 않았다. 그것을 기꺼이 사람들과 나누고, 다이어트뿐만 아니라 건강 문제로 힘들었던 이들의 이야기에 귀 기울이며 그들의 몸과 마음에 새 힘을 불어넣고 건강한 에너지를 전한다. 나는 그의 선택이 얼마나 귀하고 값진 것인지 잘 안다.

세상은 쉬지 않고 변한다. 어제 옳았던 것이 오늘은 낡은 것이 되고, 오늘의 성공 공식이 내일의 발목을 잡을 수 있다. 그렇기에 내 인생이 성공하는 유일한 방법은 내게 진정으로 의미 있는 일에 매진하는 것이다. 누가 만들어놓은 길을 걷는 것이 아니라 나만의 길을 새로 만들어가는 것이다. 그 길 위에서 누군가에게 새 힘과 따뜻한 에너지를 건넬 수 있다면 그것이야말로 가장 값진 성공일 것이다.

반복해서 파고드는 사람을 이길 자는 없다. 좋아하는 일에 꾸준히 몰두하다 보면 실력이 쌓이고, 남이 보지 못한 길이 눈앞에 열린다. 내가 교육공학에 몰입한 끝에 메타버스 교육환경이나 포켓스쿨 같은 새로운 교육 솔루션을 세상에 내놓을 수 있었던 것도 그 때문이다.

"어떻게 좋아하는 일만 하고 살 수 있겠어?"라는 질문에 "나는 좋아하는 일만 하며 살겠다"라고 당당하게 대답해보자. 그 선택은 결국 행복하고 의미 있는, 그리고 성공적인 삶으로 이어질 것이다.

세상을 바꾸는 혁신은
진정성에서 시작된다

스탠퍼드대가 자리한 실리콘밸리는 공기 속에 마치 '혁신'의 미세한 입자가 떠다니는 것 같다. 이곳에는 구글, 애플, 메타(구 페이스북) 등 시대의 흐름을 이끄는 기업들이 모여 있다. 세계 곳곳에서 사람들이 꿈을 품고 몰려들고, 새로운 기업들이 하루가 멀다 하고 생겨났다가 사라진다.

나는 이곳에서 수많은 기업의 부상과 몰락을 지켜보며 한 가지 분명한 사실을 배웠다. 창의적인 아이디어, 뛰어난 기술력, 넉넉한 자본은 성공의 발판이 될 수 있지만, 그것들이 혁신의 본질은 아니라는 점이다. 세상을 바꾸는 힘은 '현실을 깊이 이해한 분명한 비전'에서 나온다. '무엇'을 만들 것인가보다 '왜' 만들어야 하는지가 명확해야 하며 그 이유가 사람들의 실제 삶과 맞닿아 있을 때 비로소 혁신은 살아 움직인다.

따뜻하고 선한 아이디어,
플레이펌프는 왜 실패했는가

세상에는 매일 수많은 아이디어와 기획서가 쏟아진다. 각자 의도와 비전을 갖고 있지만, 현실을 정확히 이해하지 못하면 그 아이디어는 결국 신기루처럼 사라지고 만다. 현장에서 부딪혀보지 않고는 절대 알 수 없는 것들이 있다.

아프리카로 교육봉사를 갈 때마다 마을 곳곳에서 버려진 회전놀이기구를 보게 된다. 학교도 병원도 변변치 않은 곳에 생뚱스럽게 놓인 그 기구는 한때 세계적인 주목을 받았던 '플레이펌프' 프로젝트의 흔적이다. 이 프로젝트는 아이들이 놀이기구를 돌리며 놀면 그 힘으로 펌프를 작동시켜 지하의 물을 끌어올린다는 참신한 발상에서 시작되었다. 아이들이 웃으며 노는 가운데 물이 솟아오르는 장면은 누구라도 마음을 움직일 만큼 매력적이었다.

이 아이디어를 현실에 옮긴 사람은 영국 출신의 광고홍보 전문가 트레버 필드Trevor Field다. 그는 농업박람회에서 본 원형교차펌프Roundabout pump에서 아이디어를 얻어 놀이와 급수를 결합한 장치를 만들었다. 국제사회와 언론은 물론, 빌 클린턴 전 미국 대통령도 재단을 통해 이 프로젝트를 후원했다.

필드의 마음속에는 분명 사람들을 돕고자 하는 선한 의도가 있었다. 아이들에게 놀이의 즐거움을 주면서 그와 동시에 수자원 부족으로 고통받는 주민들에게 깨끗한 물을 제공하겠다는 그의 꿈은 충분히 가치 있었다. 그러나 결과는 실패였다. 이유는 명확했다. 그는 지역 주민들의 실제 삶을 깊이 이해하지 못했다.

펌프가 일반 회전 놀이기구보다 훨씬 무거웠던 것도 문제였지만 더 본질적인 한계는 생활 여건에 대한 이해 부족이었다. 설계자가 자란 환경에서는 이런 놀이기구가 즐거움의 상징이었겠지만, 아프리카의 아이들에게는 아니었다. 그곳 아이들은 끼니를 거르는 일이 다반사였고 놀이보다 생존이 먼저였다. 무거운 펌프를 힘차게 돌릴 여유나 체력이 있을 리 없었다. 효율성도 떨어졌다. 20리터의 물을 끌어올리는 데 수동펌프는 28초면 충분했지만, 플레이펌프는 3분 이상 걸렸다. 설치비는 4배였고 유지보수도 까다로웠다. 주민 입장에서는 차라리 수동펌프를 더 많이 설치하는 편이 훨씬 현실적이었다. 결국 1,000개 이상 설치된 펌프는 제 기능을 하지 못한 채 방치됐다.

아이디어도 의도도 좋았지만 현실을 반영하지 못한 혁신은 끝내 실패로 돌아갔다. 만약 필드가 사업을 시작하기 전 몇 달이라도 마을에 머물며, 주민과 함께 물을 길어보고 아이들의 하루를 지켜보았다면 어땠을까?

모든 혁신은 현실과의 끊임없는 대화 속에서 완성된다. 휴대전화나 컴퓨터 화면을 통해서는 절대 알 수 없는 것이 있다. 직접 발로 걷고 눈으로 보고 귀로 들어야만 보이는 것들이다.

그래서 나는 늘 강조한다. 혼자 앉아 머릿속 설계도를 그리고 수정하는 데서 멈추지 말고 일어나서 세상과 부딪히라고. 혁신은 바로 그렇게 시작된다.

혁신의 핵심은
현실을 제대로 아는 것

혁신은 언제나 사람들을 열광하게 만든다. 그럴듯한 신기술과 밝은 미래를 약속하는 사업 설명은 때로 세상을 냉정하게 바라보는 명석한 사람들마저 쉽게 설득한다. 실제로 지금 이 순간에도 무수한 신기술이 등장과 동시에 관심과 환호를 받고 있다.

그러나 기술과 그로 인한 이상적인 변화보다 더 집중해서 보아야 할 것이 있다. 앞서 이야기한 것처럼 그러한 기술을 만들어낸 목적과 현실적인 적용 가능성이다. 만약 그 목적에 진정성이 있고 현실에서의 실용성을 충분히 고려했다면 혁신의 모든 과정과 결과 역시 빛을 발할 것이다. 새로운 기술이나 창의적인 활동의 목적이 분명하고 현실에 뿌리를 둘수록 비로소 사람들의 삶을 실제로 변화시키는 혁신이 탄생한다.

인도 출신 과학자 마누 프라카시Manu Prakash가 만들어낸 혁신적인 도구들은 이러한 원칙을 잘 보여준다. 그는 어린 시절 이유도 모른

채 죽어가는 고향 사람들을 보며 사람을 살리는 도구를 만들고 싶다는 꿈을 품었다.

일반적으로 사람들은 의료 환경이 열악한 지역에 고가의 성능 좋은 장비를 보내주면 건강의 문제가 해결되리라 생각한다. 하지만 그것은 너무 단편적인 접근이다. 그런 지역은 대부분 장비를 제대로 운용할 수 있는 전문가가 없다. 행여 고장이라도 나면 수리할 방법조차 없는 것이 현실이다.

스탠퍼드대학교 생명공학과 조교수였던 프라카시는 개발도상국의 의료 현장에서 값비싼 의료 장비가 먼지를 뒤집어쓴 채 방치되고 있는 것을 목격하고 안타까워했다. 특히 아프리카에서 많은 사람의 생명을 위협하는 말라리아는 현미경만 있어도 감염 여부를 확인할 수 있고, 조기에 발견하면 사망 확률을 크게 줄일 수 있는데, 정작 그 현미경이 무용지물이니 조기 진단이 이뤄지지 않고 있었다.

프라카시는 이 문제를 해결하기 위해 누구나 손쉽게 만들고 쓸 수 있는 초저가 현미경을 개발했다. 바로 종이 현미경인 '폴드스코프Foldscope'다. 종이접기처럼 10분 정도면 조립이 가능하고 제작비는 불과 개당 500원이다. 종이로 만들었지만 2,000배 배율로 기존 광학현미경의 성능을 뛰어넘는다. 이 종이 현미경 하나 덕분에 말라리아균을 손쉽게 확인해 조기에 대응할 수 있는 길이 열린 것이다.

프라카시의 혁신적 발명은 여기에서 멈추지 않았다. 어느 날 그는 우간다의 한 의료센터를 방문했는데 그곳에서 값비싼 원심분리기가 문을 고정하는 받침대로 사용되고 있는 것을 목격했다. 원심분리기는 혈액을 넣고 빠른 속도로 돌려 혈액 속 성분을 분리해주는 기기로, 에이즈나 말라리아 같은 질병을 진단할 수 있다. 이렇게 유용한 기기가 왜 방치되어 있는지 현지인에게 물으니 생각지도 못한 대답이 돌아왔다.

"여기에는 전기가 들어오지 않아 이것을 사용할 수 없어요."

이 대답은 프라카시에게 또 다른 혁신의 출발점이 되었다. 그는 전기가 없어도 작동할 수 있는 원심분리기를 만들기 위해 고심하기 시작했다. 주방에서 쓰는 거품기나 샐러드 혼합기는 속도가 너무 느렸다. 아이들이 가지고 노는 요요는 회전 속도는 빨랐지만 능숙하게 다루기 위해 꽤 숙련된 기술이 필요했다. 그러다 그가 떠올린 것이 실팽이였다. 원판에 구멍을 뚫고 실을 꿴 뒤, 실의 양쪽을 잡고 당기고 놓기를 반복하면 원판이 실 가운데서 윙윙 소리를 내며 빠르게 돌아가는 장난감이다.

프라카시는 이 실팽이의 원리를 이용해 '종이원심분리기$_{\text{Paperfuge}}$'를 만들어낸다. 1분 30초면 혈장을 분리할 수 있고, 15분이면 말라리아 기생충도 분리할 수 있는 원심분리기를 고안해낸 것이다. 이 장치는 단돈 200원으로 만들 수 있고, 분당 12만 5,000회(rpm)까지 속도를 낼 수 있다. 실험실에서 사용하는 일반 원심분리기의 보통 속도가 2만 회(rpm)니, 성능 면에서 값비싼 기구를 훌쩍 뛰어넘는다. 조작이 간단하고 전기도 필요 없으며 매우 가볍고 이동이 용이해서 의료 인프라가 부족한 지역에서 즉각적인 효과를 발휘할 수 있었다.

무언가를 바꾸고 싶다면
그 목적부터 깊이 생각해보라

프라카시의 혁신이 특별한 이유는 무엇일까? 그가 무언가 대단한 것을 만들겠다고 욕심부린 게 아니라 '실제 필요한' 변화를 위했기 때문이다. 그는 과학을 누구나 누릴 수 있는 기본권으로 만들고 싶었고, 경제적 형편이 어려운 사람들도 과학의 혜택을 받아야 한다고 생각했다. 무엇보다 현장의 실제 조건을 철저히 파악하고 그에 맞는 해결책을 찾았다. 이런 뚜렷한 목적과 현실에 기반한 접근이 바로 그가 성공할 수 있었던 진짜 이유다.

그가 일궈낸 혁신이 그를 수조 원대의 기업가로 만들지는 않았지만 수많은 사람의 생명을 살리고 세상을 바꿨다. 그 결과 그는 의미 있는 혁신을 꿈꾸는 수많은 사람의 롤모델이 되었다.

이 세상에는 아직 바꿔야 할 영역이 정말 많다. 그만큼 혁신이 절실히 필요한 곳도 많다. 그러나 무언가를 바꾸기에 앞서 반드시 그 목적부터 깊이 생각해봐야 한다. 변화를 위한 변화, 혁신을 위한 혁신은 결국 무용지물이 된다. 스스로에게 의미가 있고, 이 세상이 필요로 하는 진정성 있는 혁신, 현실을 충분히 고려한 혁신만이 진짜 혁신이다.

그리고 그 출발점은 언제나 이 질문이어야 한다.

"이 혁신의 진정한 목적이 무엇인가? 그 목적은 긍휼한 마음에서 출발한 것인가? 실제 현실을 제대로 파악했는가?"

4장

기꺼이 무모할수록
인생은 선명해진다

성장동력
Growth Engine

많은 사람이 포기와 체념으로 점철된 인생을 살며 어쩔 수 없다고 말한다. 하지만 우리 인생에 어쩔 수 없는 일은 없다. 그런 태도는 한 번뿐인 삶에 대한 예의도 아니다. 눈을 뜨고 주변을 제대로 살펴보라. 당신 주변에 놓인 수많은 가능성의 버튼 위에 먼지만 쌓여 있지 않은가? 어린아이 시절처럼 마구 눌러봐야 한다. 직접 몸을 움직여 세상을 만지고 느껴보라. 무슨 일이든 상관없다. 사진을 찍어도 좋고, 악기를 배워도 좋다. 전시회장에서 낯선 조각상 앞에 멈춰 서보는 것도 좋고, 숲속을 거닐며 나뭇잎을 만지고 시원한 공기를 깊게 들이마셔도 좋다. 그 과정에서 지금껏 알지 못했던 가슴 뛰는 나만의 길을 찾게 될지도 모른다.

두려움 속으로
돌진하게 하는 성장동력

    나는 종종 청개구리 같은 행동으로 가족과 친구들을 놀라게 한다. 가령 어느 날 갑자기 한밤중에 아무도 없는 호수에서 스탠드업 패들보드를 탄다. 달빛조차 희미한 날을 특히 좋아하는데 그런 밤 어둠 속을 가르며 호수 한가운데까지 나가면 마치 다른 세상에 와 있는 것 같은 기분이 든다. 세상의 모든 소리는 사라지고 사방은 칠흑 같은 어둠뿐이다. 머리 위에는 오직 별빛만 반짝인다. 노 젓기를 멈추면 고요가 숨소리마저 삼킨다.

    그 순간 의지할 것은 작은 패들보드와 손에 쥔 노 하나뿐이다. 까딱 잘못하면 깊이를 알 수 없는 호수에 빠질지 모른다. 한밤중에 호수 한가운데에 있을 사람은 나뿐이니 도움을 구할 수도 없다. 하지만 나는 이 스릴 넘치는 시간을 즐긴다. 이 시간이야말로 두려움을 정면으로 마주하고 다스리는, 나만의 수련이 되어주기 때문이다.

깜깜한 호수 한가운데 서면 연구실이나 강의실에서 느끼지 못했던 새로운 감각들이 깨어난다. 수많은 생각이 순식간에 단순해지면서 마음속 깊은 곳에 숨어 있던 두려움의 실체가 드러난다. 그 두려움의 대부분은 현실이 아니라 내 상상이 만든 그림자다. 눈앞의 현실보다 더 크고 무겁게 보이지만 막상 다가가 부딪혀보면 의외로 작고 가볍다.

두려움은 새로운 길의 초입에서 가장 크게 다가온다. 보이지 않는 길, 알 수 없는 길, 아무도 가지 않은 길일수록 그렇다. 그러나 바로 그 길에서 두려움은 걸림돌이 아니라 추진력이 된다. 그래서 나는 종종 한밤에 어둠을 헤치며 호수로 나간다. 그곳에서 마주한 고요와 긴장은 그 어떤 수업에서도 얻을 수 없는 성장 자산이기 때문이다.

실체 없는 두려움을 다스리는 법
스탠퍼드대 디스쿨의 '리스크 측정기'

실리콘밸리의 스타트업 창업자들은 극도의 불확실성 속에서 일한다. 투자자 앞에서 피칭을 하고 실패를 거듭하며 때로는 회사의 존폐가 걸린 결정을 내려야 한다. 이런 압박과 불확실성에 대응하는 방법을 다루는 수업이 스탠퍼드대 디스쿨에 있다.

스탠퍼드대학교 경영과학공학과 교수인 티나 실리그Tina Seelig는 창의성과 기업가정신을 주제로 다양한 프로젝트를 진행해왔는데, 그중 하나가 '5달러 챌린지'다.

과제는 간단했다. 제각기 팀을 이뤄 5달러를 자본금으로 2시간 안에 최대한 많은 수익을 올리는 것이었다. 챌린지를 마친 후 각 팀은 3분 동안 결과를 발표해야 했다.

일반적인 방법으로 접근한 팀들은 주어진 5달러를 실제 자본으로 사용했다. 예를 들어 할인점에서 물건을 구입해 되팔거나 학생회관 앞에서 자전거 타이어 공기 주입 서비스를 1달러에 제공하는 방식이었다. 일부는 소소한 수익을 올렸지만 대부분 큰 성과를 내지 못했다.

반면 새롭게 문제에 접근한 팀도 있었는데 이들은 자본금 5달러를 아예 쓰지 않았다. 그들은 '2시간 동안 가장 큰 가치를 창출할 수 있는 방법은 무엇인가?'라는 질문으로 문제를 재정의했다.

더 나아가 관점을 완전히 바꾼 팀도 있었다. 그들은 5달러나 2시간도 아니고, 3분 발표 시간이야말로 가장 가치 있는 자산이라고 판단하고 새로운 가치를 산정했다. 그리고 자신들의 발표 시간을 스탠퍼드 학생 채용을 원하는 회사에 판매했다. 그 결과 무려 650달러의 수익을 창출했다.

그들은 3분이라는 짧은 발표 시간을 회사에 판매할 때 어떤 확신이 있었을까? 실패는 전혀 고려하지 않았을까? 실리그 교수는 이 사례를 통해 '자원'보다 중요한 것은 자원을 바라보는 '시각'임을 강조했다.

하지만 새로운 시각에는 언제나 불확실성에 대한 두려움과 리스크가 따라온다. 그래서 실리그 교수는 여기에 더해 '리스크 측정기Riskometer'라는 흥미로운 과제를 주었다. 그녀는 학생들로 하여금 재정적, 지적, 사회적, 정치적, 감정적, 신체적 위험 이 여섯 영역에 자신이 감수할 수 있는 영역을 원으로 표시하게 했다. 이후 가장 불편한 영역을 고르고 의도적으로 그 상황에 뛰어들게 했다. 관계 맺기를 두려워하는 학생이 낯선 사람과의 대화를 시도하거나, 신체적 위험을 두려워하는 학생이 새로운 스포츠에 도전하는 것이다. 이 과제의 목적은 두려움의 실체를 확인하고 그 경계를 넓히는 데 있었다.

실리그의 리스크 측정 과제는 내가 한밤중에 혼자 호수에서 스탠드업 패들보드를 타는 것과 매우 유사하다. 내가 무서울 만한 상황에 스스로를 반복해서 노출시키는 이유 역시 두려움의 실체를 확인하고 경계를 넓히기 위해서다.

낯선 환경에서 프로젝트를 진행해야 할 때, 내게 호의적이지 않은 것 같은 사람을 설득해야 할 때, 내 삶에 큰 변화를 가져올 새로운 도전을 마주할 때, 두려움은 예외 없이 찾아온다.

그 결정적인 순간에 휘둘리지 않기 위해 나는 평소에 나 자신을 단련한다. 어두운 호수 위에서 노를 저어 앞으로 나아가다 보면 순간순간 섬뜩한 기운이 스친다. 정말로 발목을 잡아 끌어당길 무언가가 있을지도 모른다는 터무니없는 상상이 머릿속을 스친다. 그러나 곰곰이 생각해보면 그 두려움은 실체가 없다. 나는 구명조끼를 단단히 입고 있고 호수는 잔잔하다. 혹여 물에 빠진다 해도 큰일이 일어날 가능성은 거의 없다.

이렇게 이성적으로 하나씩 생각을 정리하다 보면 어느 순간부터 호수의 고요함을 진심으로 즐기게 된다. 그리고 이런 과정을 거치며 두려운 상황 속에서도 마음을 다스리는 나만의 노하우를 체득하게 된다. 그 경험은 다른 인생의 두려움 앞에서도 주눅 들지 않게 하는 힘이 된다.

두려움은 직접 맞설수록 점점 작아진다

그렇다고 두려움 자체가 사라지는 건 아니다. 전혀 모르는 세계로 처음 들어설 때 두려움을 느끼는 것은 극히 자연스러운 일이다. 만일 두려움이라는 감정이 없었다면 인류는 진작에 멸종했을 것이다. 그러므로 우리가 할 일은 두려움이 인간의 본성임을 인정하고 그것을 잘 다스리는 것이다.

넬슨 만델라는 이렇게 말했다.

"나는 용기란 두려움이 없는 것이 아니라 두려움을 이겨내는 것임을 배웠다. 용감한 사람은 두려움을 느끼지 않는 사람이 아니라 그 두려움을 정복하는 사람이다."

전 세계를 누비며 교육 프로젝트를 진행한 지 벌써 스무 해가 넘었다. 지금은 어떤 오지로 가게 되든 아이들의 얼굴이 먼저 떠올라 가슴이 두근거린다. 하지만 처음에는 두려웠다. 인터넷에서 검색되지도 않는 작은 마을로 들어가야 할 때면 출발 직전까지 며칠씩 잠을 설쳤다.

위험한 돌발상황도 잦았다. 함께 프로젝트를 진행해온 오랜 친구가 험난한 산길을 이동하다 비탈길에서 차가 떨어져 세상을 떠났다. 그 친구는 뒷자리에서 잠이 들었는데 안타깝게도 안전벨트를 매고 있지 않았던 것이다. 소중한 친구가 어느 날 갑자기 하늘의 별이 되었다.

그 뒤로 떠나기 전에는 항상 여러 생각이 맴돌았다. 이번에는 사고 없이 돌아갈 수 있을까? 병이 나지 않을까? 물이 안 맞아 탈이 나면 어떡하지? 지역 주민들이 우리를 받아줄까? 막연한 두려움이 끝없이 마음을 어지럽혔다.

하지만 그 두려움은 맞설수록 몸집이 줄어들었다. 각 지역으로 발걸음을 내디딜 때마다 든든한 팀원을 만났고, 언어는 통하지 않아도 진심을 전하는 법을 배웠다. 일이 잘 안 되더라도 다음을 위한 경험으로 여기고 부족했던 부분을 꼼꼼하게 정리해두는 여유도 생겼다. 경험에서 오는 깨달음이 더해지니 용기 내는 게 한결 수월해졌다.

언젠가부터 나는 르완다와 콩고의 국경도시이자 분쟁지역인 고마, 미국 애리조나의 인디언 마을, 베네수엘라 국경의 원주민 마을까지, 교육 프로젝트를 요청한 곳은 어디든 달려갔다. 누가 시킨 것도 아니었다. 정신을 차려보면 또 다른 오지에서 새로운 프로젝트를 기획하고 있었고, 눈을 떠보면 낯선 마을에서 아이들과 눈을 맞추고 있었다.

두려움은 단번에 극복할 수 없다. 아니, 극복의 대상이라기보다 수용의 대상이라고 봐야 옳다. 조금씩 익숙해지는 과정이다. 실패할 때도 있고 예상치 못한 어려움에 부딪힐 때도 있다. 그러나 중요한 건 멈추지 않는 것이다.

두려움은 스스로를 보호하기 위한 태생적 본능이다. 하지만 그것이 우리의 성장을 가로막아서는 안 된다. 두려움과 함께 살아가되 그것에 지배당하지 않는 법을 배워야 한다. 매번 조금씩 더 나아가다 보면 어느새 결코 넘을 수 없을 것 같던 벽 너머에 서 있는 자신을 발견할 수 있을 것이다.

결국 우리가 두려워하는 것의 대부분은 실제보다 부풀려진 환상이다. 막상 부딪혀보면 생각보다 감당할 만하다는 것을 깨닫게 된다. 그리고 그 깨달음이 쌓일수록 더 담대해진다. 여전히 두려움을 느끼지만 이제는 그것을 다스릴 줄 아는 사람이 되는 것이다.

그럼에도 일단 시작하라
당신은 생각보다 강하다

오랫동안 생각해왔지만 시작하지 못한 일이 있는가? 꼭 하고 싶지만 두려움에 발이 묶여 첫걸음을 떼지 못하고 있다면 잠시 하던 일을 멈추고 그 이유를 적어보자. 구체적으로 적으며 직면할수록 두려움은 작아질 것이다. 《도전하라 한 번도 실패하지 않은 것처럼》의 저자인 심리학자 수잔 제퍼스는 이렇게 말했다.

"두려움을 느끼되, 어쨌든 해보라."

펜실베이니아주립대학교의 논문 〈걱정의 속임수를 밝히다 Exposing Worry's Deceit〉에 따르면, 일반화된 불안장애를 겪는 사람들이 지닌 걱정 중에서 91.4퍼센트는 실제로 일어나지 않았고, 심지어 실제 발생한 사례 중 30.1퍼센트는 기대보다 더 좋았다. 결국 정말 감당하기 어려운 일은 극히 일부에 불과하다는 것을 알 수 있다.

글로벌 기업 에어비앤비의 CEO 브라이언 체스키와 조 게비아는 온갖 두려움을 뚫고 결국엔 성공한 창업자의 표본이다. 2007년 샌프란시스코에 거주 중이던 두 사람은 아파트 임대료를 낼 돈이 없었다. 그런데 때마침 샌프란시스코에 대규모 디자인 컨퍼런스가 열려서 근처 숙박시설은 모두 만실이었고, 여기에서 아이디어를 떠올린 그들은 무모해 보이는 결정을 내렸다. 낯선 사람들을 집에 재우는 것이었다.

미국 대도시에서 모르는 사람을 집에 들이는 일은 위험하다. 체스키는 그날 밤을 이렇게 회상했다.

"첫 손님을 받기 전날 밤, 잠이 오지 않았어요. 이상한 사람이 오면? 물건을 훔쳐가면? 더 나쁜 일이 생기면 어떡하지? 하는 생각이 끊이지 않았죠."

그의 어머니조차 아들이 건강보험도 없는 위험한 일에 뛰어드는 것을 이해하지 못했다. 친구들도 마찬가지였다. "브라이언, 그게 네가 하고 있는 유일한 일이 아니길 바라"라며 모두 말렸다.

하지만 첫 손님들이 도착했을 때 놀라운 일이 일어났다. 유타주에서 온 손님은 가족사진을 보여주며 아이들 이야기를 들려주었고, 인도에서 온 손님은 인도 음식을 손수 만들어 나눠주었다. 그때 체스키는 깨달았다.

"두려움은 실체가 없었어요. 사람은 그저 사람일 뿐이었죠."

그 경험은 그들을 변화시켰다. 두려움을 넘을 때마다 더 큰 도전을 할 수 있었다. 2008년 금융위기로 신용카드 빚이 수만 달러에 달하고 모든 투자자에게 거절당해 사업이 무너질 위기에 처했을 때도 그들은 도전을 이어갔다.

절망적인 순간 그들은 종잣돈을 마련하기 위해 또 다른 '미친' 아이디어를 실행했다. 당시는 대통령 선거 시기였는데, 시리얼 봉지에 각 대통령 후보 얼굴을 붙여 가격을 올려 판 것이다. 많은 사람이 비웃었지만 그들은 무려 총 3만 달러를 벌었다.

이 일을 계기로 미국 최대 규모의 스타트업 엑셀러레이터 기업인 Y콤비네이터의 폴 그레이엄은 그들의 사업에 투자를 유치했다. 처음엔 그들의 사업에 부정적이었지만 시리얼 사업을 보고 생각이 바뀐 것이다.

"4달러짜리 시리얼을 40달러에 팔 수 있는 사람들이라면 낯선 사람들이 서로를 신뢰하게 만들 수도 있겠군요."

하지만 투자가 성공을 보장하는 것은 아니었다. 2020년에 에어비앤비는 코로나19로 최대 위기를 맞았다. 8주 만에 사업의 80퍼센트가 사라졌고 상장을 앞두고 있던 회사가 갑자기 생존이 위태로워졌다. 결국 체스키는 1,900명을 해고해야 하는 가장 두려운 결정을 내려야 했다. 하지만 그는 두려움에 압도되지 않았다. 체스키는 밤새 해고 편지를 썼다.

'이것은 제 인생에서 가장 어려운 일입니다.'

그는 진심을 담아 직원들에게 감사의 마음을 전하며 1년간의 건강보험, 재취업 지원을 약속했다. 그리고 이러한 말을 남겼다.

"우리가 이 사업을 시작했을 때 슬로건은 '인간답게 여행하라'였습니다. 여행보다 중요한 것은 항상 인간이었습니다."

가장 두려운 순간에도 그는 자신의 가치를 지켰다. 고통의 시간이 지나고 에어비앤비에 기적 같은 회복이 찾아왔다. 코로나가 잦아들면서 사람들이 다시 여행을 시작했다. 되살아난 에어비앤비는 결국 성공적으로 나스닥에 상장하며 기업가치 1,000억 달러를 넘어

섰다.

 그들의 여정은 우리에게 한 가지 진실을 일깨워준다. 두려움은 피할수록 커지지만, 정면으로 맞서면 생각보다 작다는 것을. 낯선 사람을 집에 들이는 두려움, 수만 달러의 빚, 직원을 해고하는 고통까지 그는 모두 넘어섰다.

 지금 당신을 두렵게 하는 것은 무엇인가? 실패, 거절, 변화 중 무엇이든 돌진해보라. 처음엔 무서울 것이다. 잠 못 이루는 밤도 있을 것이다. 그러나 해보면 안다. 두려움의 대부분은 우리가 만들어낸 환상이라는 것을. 당신은 생각보다 훨씬 강하다. 그리고 두려움의 반대편에는 당신이 꿈꾸던 삶이 기다리고 있다.

 끝으로 수전 제퍼스의 말을 전한다.

 "다가올 모든 일을 감당할 수 있다는 걸 안다면, 무엇을 두려워하겠는가?"

세상을 만지고 주물러
숨겨진 내 역량을 찾아라

나이가 들수록 우리는 점점 더 많은 것을 고려한다. 하나의 선택이 어떤 결과를 가져올지, 그것이 주변 사람들에게 어떤 영향을 미칠지 헤아린다. 책임감이 커지고 신중해진다. 예전 같으면 곧바로 뛰어들었을 일도 여러모로 살펴보게 된다.

이런 변화는 성숙의 증거다. 그러나 동시에 경계해야 할 대상이기도 하다. 직접 경험해보지도 않고 "이 정도면 알 만큼 안다"라고 단정 짓는 순간 배움이 끝나버리기 때문이다. 그래서 나는 매일 스스로에게 묻는다.

"정말 내가 다 아는 걸까? 아직 경험하지 못한 것은 없을까?"

삶은 끝없는 도전과 탐색의 과정이다. 새로운 것에 대한 호기심은 우리 안에 생기를 되살리는 불씨다. 신중함과 호기심은 대립하는 것이 아니다. 오히려 경험이 쌓일수록 더 깊은 탐구가 가능하다.

파울로 코엘료의 소설 《연금술사》의 주인공 산티아고는 평범한 목동이다. 매일 같은 들판에서 양을 치며 살아가던 그는 어느 날 피라미드의 보물을 찾는 꿈을 꿨다. 꿈에서 깬 그는 해몽을 해주는 노인을 만나고 선택의 기로에 섰다. 익숙한 삶을 지킬 것인가, 미지의 세계로 나아갈 것인가.

만약 그가 생각만 하며 미루었다면 평소대로 양을 치며 '언젠가는'라는 말을 되뇌며 남은 인생을 보냈을 것이다. 그러나 그는 양을 팔고 아프리카로 건너갔다. 그 과정에서 사막에서 도둑을 만나 가진 것을 모두 잃었고, 크리스털 가게에서 일하며 돈을 모았으며, 마침내 연금술사를 만나 자신이 찾던 보물이 처음 출발했던 곳에 있었다는 사실을 깨달았다. 여행을 떠나지 않았다면 결코 알 수 없었던 진실이었다.

어떤 일이든 정말 시작이 반이다. 산티아고가 첫걸음을 뗀 순간 이미 보물을 향한 여정은 시작된 것이었다. 우리도 마찬가지다. 완벽한 준비는 없으니 일단 시작해야 한다.

어린아이들을 떠올려보자. 아이들은 세상에 대한 궁금증으로 가득하다. 눈앞에 보이는 것을 직접 만지고, 냄새 맡고, 입에 넣어보며 온몸으로 배운다. 그러다 뜨거운 것에 데거나 날카로운 것에 찔리기도 하지만, 한바탕 울고 나면 아무 일 없었다는 듯 또다시 새로운 탐험에 나선다.

우리는 나이를 먹으며 그 순수한 탐구 정신을 잊는다. 그러나 경험이 쌓인 어른의 호기심은 더 깊고 풍부할 수 있다. 더 늦기 전에 손을 뻗어 세상을 직접 만지고 확인해야 한다. 신중함 속에서도 새로운 시도는 가능하다. 책임 있게 행동하면서도 모험을 즐길 수 있다.

결국 우리는
하지 않은 일을 후회하게 된다

하지만 모든 도전이 반드시 눈에 보이는 성과로 이어지는 것은 아니다. 그렇다고 해서 그 시간이 쓸모없다고 말할 수는 없다. 오히려 삶을 돌아보면 목표를 이루지 못한 순간조차도 내 인생에서 가장 빛나는 장면으로 남아 있음을 발견하게 된다. 우리가 '성공'이라고 부르는 것이 과연 무엇인지 되묻게 되는 이유가 여기에 있다.

정해진 목표를 달성하는 것도 물론 소중한 성취지만 그 결과만큼이나 귀한 것은 걸어온 과정 그 자체다. 결실을 맺지 못했더라도 그 길을 걸었던 시간과 용기, 그 과정에서 쌓인 이야기들은 나만의 자산이 된다. 인생을 되돌아보았을 때, 목표 달성 여부보다 '시도했는가'가 더 큰 울림으로 남는다.

이런 생각을 굳히게 된 데에는 나의 어머니가 보여주신 한 장면이 깊은 영향을 주었다. 어머니는 1937년에 태어나 광복과 한국전쟁을 겪으며 고등학교를 졸업하셨다. 당시만 해도 여성으로서 고등학교를 마친다는 것은 쉽지 않은 일이었다. 그런데 어머니는 오십 대 중반에 고등학교에 이어 대학에 가고 싶다는 뜻을 내비치셨다. 이후 어머니는 직접 재수학원에 찾아가 학원비를 지불하고 학생으로 등록하셨다. 학부모 상담을 하러 온 것이 아니라 "제가 공부하러 왔습니다"라고 말하며 학원에 들어섰을 어머니의 모습을 떠올리면 지금도 가슴이 뭉클하다.

어머니는 본래 소심하고 조용한 성격이셨다. 화려한 옷차림을 좋아하지 않았고 사람들 눈에 띄는 것을 몹시 꺼리셨다. 그런 분이 젊은 학생들 틈에 앉아 문제집을 펼치고 공부를 시작하셨다. 공부가 잘되냐고 여쭈었을 때 오래 볼펜을 쥐고 있으니 손이 아프다고 말씀하시던 기억이 아직도 생생하다.

그러나 그 도전은 오래 이어지지 못했다. 오래 앓던 두통이 너무 심해져 결국 중도에 공부를 멈출 수밖에 없었다. 이제 내가 그 나이를 지나보니 얼마나 힘드셨을지 짐작된다. 대학 진학이라는 목표는 이루지 못했지만 나는 그것을 실패라 여기지 않는다. 너무나 아름다운 도전이었고 자식인 내게는 평생 잊지 못할 가르침이었다.

이제 아흔을 바라보시며 병원에 계신 어머니는 종종 그 시절 공부하던 이야기를 꺼내시곤 한다. 기억이 많이 희미해지신 지금도 볼펜을 보여드리며 "이게 뭐예요? 영어로 뭐죠?"라고 장난스럽게 물으면, "펜~" 하고 작게 대답하신다. 순간 반짝이는 그 눈을 보며 나는 확신한다. 학위를 따지 못했더라도 그때의 용기와 시도는 이미 어머니의 삶 속에서 빛나는 성공이었다는 것을.

병원에는 많은 어르신이 계신다. 그중에는 학위가 있는 분도 있고 직장에서 높은 자리에 올랐던 분도 있다. 그러나 그곳에서는 그런 이력들이 큰 의미가 없다. 남는 것은 각자 인생에서 부딪히고 도전했던 이야기들이다. 그것이야말로 삶의 마지막을 지탱하는 값진 힘이 된다.

어머니의 대학 도전은 결과만 놓고 보면 실패일지 모르지만, 그 과정은 아들인 나와 손주들에게 큰 울림을 남겼다. 도전 그 자체가 주는 의미, 그것이야말로 우리가 되새겨야 할 성공의 또 다른 기준이 아닐까? 성공은 반드시 결과로 증명되는 것이 아니라 이미 그 과정에서 우리 곁에 머물러 있는지도 모른다.

아이들에게 물려주어야 할 것은 집이나 통장이 아니다. 바로 이런 끊임없는 삶의 시도, 꿈꾸는 삶을 향한 용기 그리고 그 과정에서 피어나는 아름다운 도전일 것이다.

숨겨진 스무 가지 재능 중
당신은 몇 개나 찾았는가

나는 모든 사람이 최소 스무 가지가 넘는 역량을 가지고 태어난다고 믿는다. 그러나 평생을 살면서 그중 네댓 개도 발견하지 못한 채 생을 마치는 경우가 대부분이다. 자신이 하고 있는 일이 정말 자신에게 맞는 일인지 혹은 또 다른 재능이 숨어 있지는 않은지 돌아보지 않고 그저 익숙한 길만 따라가다가 삶을 마감한다. 안타깝지 않은가?

숨은 역량에 대해 논할 때마다 나는 미국의 국민화가로 추앙받는 모지스 할머니Grandma Moses를 떠올린다. 그녀가 붓을 든 것은 76세였다. 그녀는 평생 농사를 지으며 다섯 아이를 키워낸 평범한 여성으로 정규 미술 교육은 단 한 번도 받아보지 못했다. 관절염으로 더는 바느질을 할 수 없게 되었을 때 그녀는 붓을 들었다. 처음엔 그저 손을 움직이고 싶어서였다.

그림을 그리며 그녀는 자신의 삶이 얼마나 아름다웠는지를 깨달았다. 설탕단풍나무, 썰매 타기, 추수하는 농부들. 그녀의 눈에 비친 평범한 일상이 캔버스 위에서 빛났다. 이후 완성한 그림들을 마을 잡화점에 놓기 시작했고 그것이 한 수집가의 눈에 띄어 뉴욕 화랑에 걸렸다. 전시 첫날 모든 작품이 팔렸다.

그때부터 그녀는 새로운 인생을 살기 시작했다. 101세에 세상을 떠날 때까지 그녀는 1,600여 점을 그렸다. 죽기 1년 전인 100세에도 25점을 완성했다. 루스벨트 대통령이 그녀를 백악관으로 초청했고, 타임지는 그녀를 표지에 실었다. 92세에 쓴 자서전의 제목은《인생에서 너무 늦은 때란 없습니다》였다.

만약 그녀가 '이 나이에 무슨 그림이냐'며 붓을 들지 않았다면 어땠을까? 세상은 그녀의 따뜻하고 소박한 그림을 단 한 점도 보지 못했을 것이다. 그녀 역시 자신 안에 숨어 있던 화가로서의 역량을 끝내 발현하지 못했을 것이다.

우리 안에는 아직 발견하지 못한 가능성이 잠들어 있다. 나이는 숫자일 뿐이다. 지금이라도 늦지 않았다. 당신이 미뤄왔던 그 일, 해보고 싶었던 그것을 시작할 때다. 모지스가 인생의 후반에서야 발견한 것처럼 당신의 진짜 재능은 어느 한순간을 기다리고 있을지 모른다.

당신은 오늘 어떤 것을 새롭게 경험해보았는가

나는 늘 생각한다. '지금 나는 내가 가진 재능 중 몇 개나 활용하며 살고 있을까?' 많은 사람이 타고난 가능성을 끝내 찾아내지 못한 채, 늘 하던 일만 반복하다가 생을 마감한다. 그러나 때로는 아주 사소한 계기가 우리 안에 숨어 있던 또 다른 얼굴을 드러내기도 한다.

내게 그 계기는 집수리였다. 미국에 살다 보면 작은 수리 정도는 직접 해야 한다. 전문가를 부르면 비용이 엄청나서 웬만한 사람들은 모두 집수리에 능숙해진다. 맨처음 내가 한 수리는 페인트칠이었다. 벽지를 떼어내고 석고보드 위에 색을 입히다 보면 잡념이 사라지고 마음이 고요해졌다. 눈으로만 보는 것과 손으로 직접 만져보는 것은 달랐다. 재료를 다루다 보니 '더 좋은 재료는 없을까? 더 간단하면서도 단단한 방법은 없을까?' 하는 물음이 저절로 생겨났다. 작은 경험이었지만 내 사고와 감각을 넓혀주는 공부가 되었다.

작업의 범위는 점점 커졌다. 욕조와 변기를 교체하고 배관을 손보기도 했다. 고되고 번거로워 다시는 하고 싶지 않다는 생각이 들었지만, 해보지 않았다면 결코 알 수 없었을 세계였다. 손끝으로 배운 지식은 몸속에 오래 남았다.

이런 경험은 뜻밖의 순간에 요긴하게 쓰이기도 했다. 어느 날 한 창업자가 내게 아이디어를 물었다. 아기방에 사용할 친환경 시멘트를 개발 중인데, 시장성이 있을지 궁금하다고 했다. 나 역시 마음에 드는 시멘트를 찾지 못하고 있던 터라 그의 고민이 곧바로 이해되었다. 나는 곧장 개선 방향과 마케팅 아이디어를 말했고 그는 놀란 눈으로 물었다.

"어떻게 그렇게 바로 답이 나오세요?"

나는 웃으며 대답했다.

"직접 발라봤거든요."

시멘트를 두고 씨름했던 경험은 그렇게 새로운 인연과 기회의 연결고리가 되었다. 직접 해본 일은 아무리 사소해도 종국에는 삶을 떠받치는 힘이 된다. 망치와 못, 페인트 한 통이 나를 다른 세계로 데려다주는 다리가 된 셈이다. 그래서 나는 사람들에게 이렇게 말한다.

"아직 해보지 않은 일이라면 작더라도 꼭 한번 경험해보세요."

그 경험은 언젠가 삶을 지탱하는 보물이 된다.

이제 나는 또 다른 꿈을 품고 있다. 한국에서 오래된 한옥이나 쓰러져가는 빈집을 사서 내 손으로 다시 살려내고 싶다. 폐가가 된 집에 새 숨결을 불어넣어 한옥의 마루를 되살리고 그곳에서 사람들과 차를 마시며 이야기를 나누고 싶다. 낡은 나무 기둥 사이로 바람이 스치고 뜨거운 찻잔에서 김이 오르는 그 풍경 속에서 사람들과 함께 배우고, 나누고, 서로에게 힘이 될 날들을 꿈꾼다.

생각해보면 집수리에서 시작된 작은 깨달음이 결국 더 큰 꿈으로 이어지고 있다. 내가 직접 고쳐낸 마루 위에서 누군가와 함께 차를 마시며 웃고 이야기하는 장면을 떠올리면 가슴이 벅차오른다. 그 장면은 내가 발견한 숨은 재능이 열어준 또 하나의 길이며 앞으로 살아갈 날들 속에 새겨 넣고 싶은 희망의 풍경이다.

많은 사람이 포기와 체념으로 점철된 인생을 살며 어쩔 수 없다고 말한다. 하지만 우리 인생에 어쩔 수 없는 일은 없다. 그런 태도는 한 번뿐인 삶에 대한 예의도 아니다. 눈을 뜨고 주변을 제대로 살펴보라. 당신 주변에 놓인 수많은 가능성의 버튼 위에 먼지만 쌓여 있지 않은가?

어린아이 시절처럼 마구 눌러봐야 한다. 직접 몸을 움직여 세상을 만지고 느껴보라. 무슨 일이든 상관없다. 사진을 찍어도 좋고, 악기를 배워도 좋다. 전시회장에서 낯선 조각상 앞에 멈춰 서는 것도 좋고, 숲속을 거닐며 나뭇잎을 만지고 시원한 공기를 깊게 들이마셔도 좋다. 그 과정에서 지금껏 알지 못했던 가슴 뛰는 나만의 길을 찾게 될지도 모른다.

나는 내가 죽은 후 세상이 나를 위대하게 평가해주기를 바라지 않는다. 누군가의 기억 속에 오래 남는 사람일 필요도 없다. 다만 나의 묘비명에 이렇게 적히기를 바라며 오늘도 무엇을 새롭게 경험했는지 스스로에게 자문한다.

"폴 김,
자기의 역량을 최대한 끌어내 다 확인해보고 간 사람."

지금 당장
할 수 있는 일부터 하라

 유학 시절, 나는 어떤 일이든 마다하지 않았다. 생활비와 학비를 스스로 벌어야 했기 때문이다. 미국 학생들보다 몇 배는 많은 시간과 노력을 쏟아야 겨우 수업을 따라갈 수 있었기에 공부만으로도 늘 시간이 부족했다. 그 와중에 아르바이트까지 병행하려니 몸이 열 개라도 모자랄 지경이었다. 매일 정신없이 바빴고 몸은 늘 지쳐 있었다.

 한국 친척들 가운데 몇몇은 내가 온갖 잡일을 한다는 소식에 "고작 그런 일을 하려고 미국까지 갔느냐"라며 비아냥거리기도 했다. 그러나 내겐 결코 '고작'이 아니었다. 아무리 사소하고 육체적으로 고되더라도 그것은 내가 지금 당장 할 수 있는 일이었고 내가 원하는 삶으로 나아가기 위한 디딤돌이었다.

사람을 성장시키는 건
위대한 도전이나 성공만이 아니다

물론 그 시간이 늘 평탄했던 것은 아니었다. 식당에서 일할 때는 동양인이라는 이유만으로 무시를 당하기도 했고, 모텔 카운터에서 밤새 근무를 마친 뒤 곧장 강의실로 들어가야 하는 날도 있었다. 그리고 지금도 잊을 수 없는 순간이 하나 있다.

빈민가의 잡화점에서 일하던 어느 늦은 새벽, 한 백인 여성이 계산대로 다가와 가방을 열었다. 당연히 지갑을 꺼내려는 줄 알았는데 그녀의 가방에서 나온 것은 지갑이 아니라 권총이었다. 반짝이는 총구를 목도한 순간 심장이 얼어붙고 머릿속이 하얘졌다. 수많은 생각이 번개처럼 스쳤지만 몸이 돌처럼 굳어 움직이지 않았다. 그러나 곧 그녀는 아무렇지 않게 총을 옆으로 밀어두고 지갑을 꺼내 계산했다. 지갑이 가방 깊숙이 있어 총을 먼저 꺼낸 것이었다. 모든 게 순식간에 지나갔지만 한동안 손이 덜덜 떨렸다. 짧은 순간이었지만 그날 내가 느낀 긴장감은 지금도 선명하다.

이렇듯 삶은 언제나 예상치 못한 방향으로 흘러간다. 그 불확실함 속에서 붙잡을 수 있는 것은 결국 오늘 하루뿐이다. 그래서 나는 다짐했다. 후회 없이 내게 주어진 모든 가능성을 소중히 여기며 작은 일이라도 기꺼이 시도하며 살아가겠다고.

생활비를 벌기 위해 시작한 일이었지만 나는 돈보다 훨씬 많은 것을 얻었다. 영어 실력은 눈에 띄게 늘었고 무엇보다 다양한 사람을 만날 수 있었다. 저마다 사연을 안고 살아가는 사람들을 직접 마주하며 내 시야도 넓어졌다. 공부만 했다면 결코 몰랐을 세계였다.

무슨 일이든 최선을 다했기에 고용주들과의 관계도 좋았다. 중국집에서 주문을 잘못 받아 곤욕을 치른 적도 있었는데 그 일을 계기로 메뉴판을 통째로 외웠다. 쿵파오 치킨, 오렌지 치킨 같은 이름은 지금도 자동반사적으로 입에서 튀어나온다. 그래서인지 일을 그만둘 때면 사장님들은 아쉬워하며 언제든 다시 돌아와 달라고 말하곤 했다.

학년이 올라가고 컴퓨터를 능숙하게 다루게 되면서 아르바이트 종류도 달라졌다. 컴퓨터 수리나 과외 같은 일들이었다. 당시에는 컴퓨터를 다룰 줄 아는 사람이 드물었기에 수요가 많았다. 사업하는 사람들이 종이 장부를 버리고 전산화를 하려면 프로그램을 설치하고 네트워크를 세팅해야 했는데, 그런 작업을 대신 해주고 제법 짭짤한 수입을 얻기도 했다. 단순히 내 기술이 좋아서만은 아니었다. 함께 일했던 사람들이 나를 신뢰하며 적극적으로 추천해주었기에 가능했다. 심지어 예전에 일했던 중국집 사장님이 매장 컴퓨터 설치를 부탁하기도 했다. 그렇게 나는 더 좋은 일을 구할 수 있는 나만의 신뢰 관계를 쌓아갔다.

돌아보면 유학 시절의 아르바이트 현장은 내게 세상을 배우는 학교이자 성장해가는 무대였다. 힘든 노동 속에서 영어를 익혔고 낯선 사람들과 부딪히며 세상을 보는 눈을 넓혔고, 작은 일에도 정성을 다하는 태도가 결국 더 큰 기회를 불러온다는 사실을 배웠다.

사람을 성장시키는 것은 위대한 도전이나 눈부신 성공만이 아니다. 눈앞에 주어진 일을 진심으로 해내는 것, 그 속에서 배우고 익히는 것이야말로 인생을 단단히 세워주는 기초가 된다. 내가 걸어온 유학 시절의 길은 그 사실을 몸으로 증명해준 시간이었다.

버려야 할 오만한 생각, '나는 이런 일은 할 수 없어'

우리는 때때로 주어진 일 앞에서 마음이 무너지곤 한다. 열심히 공부했고 학위도 얻었고 남들 못지않게 성실하게 살아왔는데, 막상 손에 쥔 일이 기대와 다를 때 허탈감이 밀려온다. '내가 이런 일을 하려고 지금까지 버텨왔던가?' 하는 생각이 들 수도 있다. 내 역량을 보여줄 기회조차 없는 자리에서 머무는 것 같아 답답하고 억울할 수도 있다.

하지만 세상에는 그 보잘것없는 자리에서 시작해 결국 놀라운 성공에 이른 사람들이 적지 않다. 미국에 정착한 많은 이민자가 그렇다. 그들은 영주권은커녕 비자도 없는 상황에서 지금 당장 할 수 있는 일을 묵묵히 해내며 삶을 일궜다. 택시를 몰고, 페인트를 칠하고,

세탁소를 운영하며, 맡겨진 직무를 귀하게 여기고 성실히 일했다. 남들이 가볍게 여길 법한 자리에서 오히려 삶의 뿌리를 단단히 내리고, 든든한 터전을 세우고, 남 부럽지 않은 가정을 이루어갔다.

내 지인 중에도 그런 사람이 있다. 그가 미국에 처음 왔을 때 가진 돈은 고작 500달러였다. 그는 일자리를 구하려 여기저기 이력서를 돌리다가 한인 마트에서 고기 써는 일을 시작했다. 비행기에 오를 때 품었던 꿈과는 전혀 달랐겠지만 그는 눈앞의 일을 감사히 받아들였다. '이 일이 미래를 여는 첫 문이 될 수 있다면 기꺼이 해내겠다'는 마음이었다. 그는 맡겨진 일에 최선을 다했을 뿐 아니라 가게 운영에도 관심을 기울였다. 그러던 어느 날 사장과 이야기를 나눌 기회가 생겼고, 그는 매장의 홍보에 관한 몇 가지 아이디어를 제안했다. 사장은 진지한 그의 태도를 높이 사서 그를 마케팅 매니저로 승진시켰다. 그 길로 그는 현장에서 회사 운영을 배웠고 여러 한인을 직접 만나며 그들의 필요를 헤아렸다. 결국 한국 이민자들을 위한 어학원을 세우게 되었고, 많은 학생을 길러내다 마침내 작은 대학의 총장 자리까지 올랐다.

만약 그가 처음에 고기 써는 일은 내 길이 아니라며 자존심을 내세웠다면, 이 모든 이야기는 시작되지 못했을 것이다.

물론 원하는 일을 향해 끝까지 나아가는 끈기도 중요하다. 그러나 현실이 뜻대로 풀리지 않을 때는 잠시 자존심을 내려놓고 눈앞의 일을 받아들이는 용기도 필요하다. 그 일이 꿈과는 달라도, 심지어 누군가는 하찮다고 여길지라도 그것을 기회로 바꾸는 힘은 오직 자신에게 있다.

지금 주어진 일에 충실할 때 그 경험들은 차곡차곡 쌓여 당신의 길을 단단하게 만든다. 작은 조각들이 모여 하나의 큰 그림이 완성되듯, 지금의 하루하루가 결국 당신이 서고자 하는 자리를 만들어 낼 것이다. 주어진 일을 귀하게 여기고 최선을 다해 신뢰를 쌓아라. 그러면 언젠가 기회는 반드시 따라온다. 지금 이 시간이 낭비가 될지, 더 큰 도약의 발판이 될지는 오직 당신의 선택에 달려 있다.

나만의 속도로 경험하는
매일의 작은 성공

 '성공'이라고 하면 사람들은 흔히 대단한 무언가를 떠올린다. 인생의 마지막 순간쯤에나 도달할 수 있는 거대한 성취, 한참 멀리 있는 목적지로 여기는 것이다. 그래서 우리에게 성공은 늘 미래에만 존재하는 것이고, 지금 여기의 삶은 그저 참고 견뎌야 하는 과정으로 치부된다. 인내와 노력은 성공하기 위한 당연한 덕목처럼 강조된다.

 물론 인내와 노력은 소중하다. 그러나 성공을 너무 멀리 두면 아침에 일찍 일어난 것, 맡은 일을 끝까지 해낸 것, 혹은 누군가에게 따뜻한 말을 건넨 것 등 일상의 소중한 성취들은 아무런 가치가 없는 일로 여기게 된다.

 그러나 성공은 멀리 있는 종착지가 아니라 지금 내가 선 자리에서 확인할 수 있는 작은 행동 속에 숨어 있다. 하루 동안 나 자신에게 주어진 일을 제대로 마무리했는가? 오늘은 어제보다 한 걸음이라도 나아갔는가? 이 단순한 물음 속에서 우리는 성공의 씨앗을 발견할 수 있다. 저 멀리에 있는 큰 성취는 결국 수많은 작은 성취가 차곡차곡 쌓인 끝에 완성된 결과물이기 때문이다.

나는 수많은 학생과 청년을 만나며 공통적으로 착각하는 것을 본다. 바로 '성공은 나중의 일이고, 지금 이 순간의 삶은 유예해도 된다'는 생각이다. 그러나 삶은 언제나 우리 생각과 반대되는 방향으로 나아간다. 작은 성실을 건너뛰고는 큰 성공에 이를 수 없다. 매일의 일상이야말로 가장 현실적인 훈련장이자 가장 확실한 무대다.

성공은 기다리면 주어지는 게 아니라 오늘 당장 만들어가는 것이다. 작은 성공을 경험할 줄 아는 사람만이 흔들리지 않고 큰 성공을 향해 나아갈 수 있다. 매일의 작은 성취가 쌓이면 성공은 더 이상 막연한 꿈이 아니라 지금 여기서 살아 있는 현실이 된다. 그렇다면 당신은 오늘 어떤 작은 성공을 만들어갈 것인가?

성공은 한 계단씩 내 속도로 꾸준히 이뤄가는 것이다

얼마 전 친구가 운영하는 공간에서 봉사활동을 하다가 흥미로운 장면을 목격했다. 누가 시킨 것도 아닌데 아이들이 마치 짠 것처럼 한 학생 주변으로 모여들었다. 아이들은 그 학생이 수학을 쉽고 재미있게 가르쳐준다며 좋아했다. 나는 조심스럽게 물었다.

"어떻게 이렇게 재미있게 가르칠 수 있나요?"

학생이 웃으며 답했다.

"저는 중고등학교 때 수학을 정말 못했어요. 제 별명이 'CD 수집가'였는데, 수학 성적표에 늘 C와 D뿐이어서 붙은 별명이었죠. 그런데 그 경험 덕분에 아이들이 어디서 막히는지 저절로 이해가 돼요."

나는 웃으며 물었다.

"그럼 지금은요?"

"UCLA에서 통계학을 배우고 있어요. 공부를 포기한 친구들을 위한 교육 콘텐츠 사업도 준비하고 있고요."

고등학교 때 수학 성적 CD 수집가가 UCLA 통계학과 학생이라니. 어떻게 가능했을까? 그녀가 이야기를 이어갔다.

"저는 고등학생 때 공부보다 향수를 좋아했어요. 방과 후에 쇼핑몰에서 향수 구경하는 게 낙이었죠. 그런데 어느 날 부모님이 유튜브 수학 채널을 보여주시며 제안하셨어요. 매일 하루에 한 개씩 이 채널 영상을 보면 원하는 향수를 사주시겠다고요."

그녀는 핸드폰을 꺼내 그 유튜브 영상을 보여주었다. 초등학교 수준부터 대학 고급 과정까지 수백 개의 영상이 있었다.

"제일 쉬운 초등학교 수학부터 시작했어요. 가장 짧고 업데이트된 영상 수도 적었거든요. 그렇게 처음으로 조말론 향수를 갖게 되었는데 하나를 갖고 나니 또 다른 향수도 갖고 싶더라고요. 그래서 다음 과정을 선택했죠. 하루에 여러 개를 몰아서 보고 백화점에 달려가고 싶었지만, 부모님이 규칙을 정하셨어요. 여러 개를 보려면 퀴즈를 맞혀야 한다고요. 향수가 너무 갖고 싶어서 매일 꾸준히 보고 퀴즈도 풀었어요. 그렇게 조말론 향수를 열 병도 넘게 모았답니다."

그녀는 웃으며 말을 이었다.

"친구들은 학교 숙제와 시험 준비에 바빴지만, 저는 그냥 제 속도대로 유튜브 영상을 봤죠. 시험 범위와 상관없이 초등학교에 이어서 중학교 수학을 시작했어요. 친구들 눈엔 바보 같았겠지만 저는 처음으로 수학이 이해되기 시작했거든요. 가장 좋았던 건 성적 압박이 없었다는 거예요. 학교에서는 여전히 C와 D를 받았지만, 원래 늘 그랬으니까 큰 스트레스는 없었어요. 그래서 그냥 갖고 싶은 향수를 생각하며 제가 이해할 때까지 수학 영상들을 천천히 봤어요. 저만의 속도로요. 그런데 신기한 일이 일어났어요. 매일 꾸준히 보다 보니 어느 날부터 수학이 진짜 재미있어지더라고요. 평소 좋아하던 뷰티 유튜버 영상보다도요."

나는 이 학생의 솔직한 이야기를 들으며 저절로 미소가 지어졌다. 그녀는 계속했다.

"몇 번의 방학이 지나고 어느 날 학교 수업에서 처음으로 선생님 설명이 이해됐어요. 그리고 '나라면 더 쉽게 풀었을 텐데' 하는 생각이 들었죠. 돌아보니 제가 학교 진도를 훨씬 넘어서 있었어요. 친구들이 미적분으로 고생할 때, 저는 이미 대학 수준의 통계를 하고 있더라고요. 그때까지 그게 대학 과정인지도 몰랐어요. 그냥 매일 하루에 한두 개씩 저만의 속도로 꾸준히 영상을 봤을 뿐이거든요."

남들의 시선에 예민한 청소년 시기에 학교에서 정해놓은 기준이 아닌 자신만의 속도로, 작은 걸음이라도 매일 내디뎠을 학생의 모습이 그려졌다. '자신만의 속도'를 아는 이 학생의 미래가 무척 기대되었다.

작은 성공을 경험하는 것은 그 자체로 큰 의미가 있다. 할 수 있다는 자신감이 생기고 그 자신감은 더 큰 도전의 열쇠가 된다. 이 학생의 비결은 특별한 재능이 아니라 성적에 연연하지 않고 자신만의 속도로 매일 꾸준히 한 것이었다. 향수를 위해 시작한 수학 공부처럼 때로는 엉뚱한 동기도 위대한 시작이 될 수 있다.

정약용은 "한 걸음 한 걸음을 소홀히 하지 않는 것이 결국 큰일을 이루는 길이다"라고 했다. 오늘 내가 맡은 일, 지금 내가 할 수 있는 일에 진심을 다할 때 그것이 삶을 지탱하는 힘이 되고 미래를 여는 길이 된다.

CD 수집가였던 학생은 이제 공부를 어려워하는 아이들에게 희망을 전한다. 자신이 넘어졌던 자리를 기억하기에 더 따뜻한 손길을 내밀 수 있다. 학교 성적과 상관없이 자신만의 속도로 꾸준히 본 영상들이 어느 날 UCLA 통계학과 입학으로 이어졌고, 이제는 다른 이들을 돕는 사업가의 꿈으로 확장되었다.

조금씩 꾸준히 이어가는
작은 습관이 빚어내는 단단한 삶

미국국립보건원NIH의 연구에 따르면, 작은 목표를 달성할 때마다 뇌는 도파민을 분비한다. 브라운대학교의 마이클 프랭크Michael Frank 박사 연구팀은 2020년 〈사이언스〉에 도파민이 인지적 노력에 대한 보상과 비용의 균형을 조절함으로써 동기부여를 강화한다는 사실을 밝혔다. 이 연구에서 앤드루 웨스트브룩Andrew Westbrook 박사와 동료들은 도파민 합성능력이 높은 사람일수록 인지적 과제에 더 많은 노력을 기울이려는 의지가 강하다는 것을 발견했다. 도파민은 우리에게 성취감과 기쁨을 느끼게 하고 동기부여를 강화한다. 반복되는 성취 경험은 자기 효능감을 높이고 점차 더 큰 도전에도 자신 있게 나설 수 있는 힘을 준다. 또한 매일 성취를 기록하고 스스로를 피드백하는 사람들은 장기적인 목표 달성률이 훨씬 높다고 한다. 이처럼 작은 성공을 습관으로 만들면 매일 보람을 느낄 수 있다. 더 나아가 할 수 있다는 자존감이 높아지며 궁극적으로는 인생 전체가 윤택해진다.

작년부터 나는 중국어를 공부하기 시작했다. 거창하게 책상에 앉아 몇 시간씩 공부하는 게 아니다. 그저 매일 밤 중국 방송을 틀어놓은 채 잠들고 아침에 일어나면 몇 개의 단어와 표현을 메모하는 것이 전부다. 처음엔 무슨 소리인지 하나도 들리지 않았다. 마치 물

소리처럼 그저 흘러가는 소음에 불과했다. 하지만 이것이 하루 시작과 마무리를 장식하는 작은 습관이 되었다.

그러자 신기한 일이 일어났다. 어느 날 문득 중국 방송에서 단어 몇 개가 들렸다. 매일 밤 무의식 속에서도 내 뇌는 중국어의 리듬과 소리에 익숙해지고 있었던 것이다. 아침에 메모하는 단어들도 처음엔 하루에 한두 개였지만, 차츰 다섯 개, 열 개로 늘어났다. 약 1년이 지난 지금, 택시 기사와 간단히 대화할 수 있게 되었다.

시작이 작다고 끝도 작은 것은 아니다. 작은 습관이 쌓이면 예상치 못한 변화가 찾아온다. 매일 한 문장씩 일기를 쓰던 사람이 몇 년 후 자서전을 펴내고, 하루 10분씩 명상하던 사람이 스트레스로부터 자유로워진다. 꾸준함이 만드는 기적은 언제나 조용히 그러나 확실하게 찾아온다.

나는 벌써 몇십 년째 팔굽혀펴기를 매일 백 개씩 하고 있다. 처음부터 백 개를 했던 건 아니다. 시작할 때는 '하루 세 개'가 목표였다. 아무리 움직이기 싫은 날이라도 그 정도는 할 수 있었다. 이렇게 가벼운 습관을 만드니 개수를 차츰차츰 늘려갈 수 있었다. 그러다가 어느새 팔굽혀펴기 백 개가 일상의 작은 성공이자 습관이 되었다.

정말 하기 싫은 날도 있지만 그럴 때는 단 몇 개라도 일단 해보자는 생각으로 자세를 잡는다. 일단 세 개쯤 하고 나면 왠지 몸도 좀 풀리는 것 같아 부담감이 사라진다. 조금만 더 하고 그만하자 생각하는 사이에 열 개를 넘기고 그 후 순식간에 백 개까지 도달하게 된다.

 작은 성공은 그 자체로 의미가 있기에 자신이 할 수 있는 만큼 더 잘게 쪼갠다고 해도 문제 되지 않는다. 어떤 형태로든 매일 성공을 경험하는 습관을 유지하는 것이 중요하다. 심리학 연구에서도 작은 목표를 성취하고 이를 즐길 줄 아는 사람은 그렇지 않은 사람보다 스트레스에 덜 민감하고 삶의 만족감이 높다고 한다.

 오늘 내가 맡은 작은 일, 지금 내가 할 수 있는 일에 진심을 다할 때, 그것이 삶을 지탱하는 힘이 되고 미래를 여는 길이 된다. 매일을 소중히 여기고 작은 성공을 꾸준히 쌓아가는 것. 그것이 우리가 꿈꾸는 길을 만들어가는 가장 확실한 방법이 아닐까?

5장

완벽하게 준비된 내일은 결코 오지 않는다

초긍정 실행력
Hyper-Positive Execution

우리의 인생은 언제나 변수로 가득하고, 그것을 어떻게 해석하느냐에 따라 삶의 방향이 완전히 달라진다. 나는 그 수많은 변수를 위기가 아닌 기회로, 두려움이 아닌 기대감으로 받아들이려 애썼다. 그렇게 마음의 무기를 초긍정으로 장착한 순간, 일상이 놀랍게 바뀌기 시작했다. 당신도 충분히 가능하다. 바로 지금, 가장 좋아진 당신의 모습을 떠올려보라. 그리고 이 순간부터 당신 앞에 놓인 모든 상황이 그 모습으로 향하는 과정이라 믿어보라. 단언컨대 앞으로의 삶이 기적으로 가득 찰 것이다.

인생 최고의 생존전략,
초긍정성

돌이켜보면 학창 시절의 나는 어떤 부분에서도 특별히 두각을 나타내지 못했다. 한국에서 중고등학교를 다녔을 당시, 설사 열심히 공부했다 한들 좋은 성적을 얻지는 못했을 것이다. 그때 나는 교과서를 몇 번 훑고 내용을 척척 외우거나 한 번의 수업만으로 개념을 완벽히 이해하는 친구들이 신기할 따름이었다.

그렇지만 열등생 꼬리표를 달고 한국에서 살았더라도 나름대로 내가 원하는 인생을 살아가고 있었을 것이라고 확신한다. 그 이유는 스스로 생각해도 유난스러운, 긍정을 넘어선 '초긍정성'이 내 안에 자리 잡고 있기 때문이다.

미국에 막 도착했을 때 나는 지식도 언어도 그 무엇도 제대로 준비된 것이 없었다. 하지만 그런 중에도 내가 가진 것을 바탕으로 새로운 가능성을 만들어내는 법을 계속 찾아냈다. 더디고 서툴어도 나는 항상 한 걸음씩 앞으로 나아가려 애썼다. 설령 원하는 결과가 나오지 않아도 그것이 끝이라고 생각하지 않았다. 오히려 또 다른 기회의 시작이라고 믿었다.

이 대책 없는 긍정이 나만의 다채로운 여정을 가능하게 했다고 해도 과언이 아니다. 그런데 이토록 긍정적인 태도가 내 삶에 자리 잡게 된 데에는, 고등학교 시절 한 친구와의 추억이 큰 몫을 한다.

긍정에서 초긍정으로, 서로의 긍정에 기대던 때

고등학교 시절, 단짝처럼 붙어다니던 친구가 있었다. 그 친구도 나처럼 공부를 못했던 터라 학교에서 함께 혼이 나기 일쑤였다. 하지만 우리는 얼굴 한 번 찡그리는 법 없이 항상 재미있게 지냈다. 우리 둘 다 초긍정 맷집이라는 단단한 갑옷을 입고 있었다. 덕분에 외부 환경이 안 좋을지언정 그것이 우리 마음까지 우울하게 물들이지는 못했다.

그 친구의 가정형편은 극도로 좋지 않았다. 방 두 칸짜리 반지하 집에 여섯 식구가 살았는데, 집 안에 화장실조차 없어서 용변을 볼 때마다 매번 윗집 신세를 져야 했다. 그러나 친구는 그런 현실을 불편해하거나 부끄러워하지 않았다. 오히려 스스럼없이 "우리 집에 놀러 올래?" 하고 나를 초대하곤 했다.

그 집에 놀러갈 때면 항상 친구의 아버지가 밤일을 나가기 위해 이른 시간부터 주무시고 계셨다. 우리는 늘 조용조용 이야기했지만 결국 아버지가 깨실 때도 있었다. 하지만 단 한 번도 역정을 내지 않으셨다. 피곤이 가득한 얼굴이었지만 늘 미소와 함께 "재미있게 놀다 가거라"라고 따뜻한 말 한마디를 건네시고는 다시 잠을 청하셨다.

친구 어머니는 더 따뜻한 분이셨다. 늘 웃는 얼굴로 나를 반겨주셨고, 어려운 형편에도 따뜻한 밥상을 차려주셨다. 우리를 위해 매콤한 국물에 닭 한 마리를 통째로 넣어 삶아주시곤 했다. 콩나물을 잔뜩 넣어 끓인 일종의 퓨전 삼계탕이었다. 그 맛은 지금도 선명히 기억날 만큼 일품이었다. 닭의 몸통에 푸른 빛으로 '폐기'라는 글자가 찍혀 있었지만 아무도 개의치 않았다. 불편하기 짝이 없는 집에서 그들은 남들이 먹지 않는 음식을 먹으며 살면서도 여유와 웃음을 잃지 않았다. 친구 가족의 모습을 보며 행복은 어떤 조건이 아니라 마음에 달렸다는 것을 깨달았다. 그때 우리는 많이 웃었고 앞으로 하고 싶은 일에 대해서 마음껏 꿈꾸었다.

고등학교를 졸업한 후 친구는 특유의 선한 마음과 긍정적인 태도로 신학교에 진학했다. 친구는 규율도 까다롭고 공부도 어려운 신학교 생활을 웃는 얼굴로 끝끝내 해내더니, 그 선한 성정과 성실함을 인정받아 이탈리아로 유학을 떠났다. 이후 박사학위를 받아 대학에서 라틴어를 가르치는 교수가 되었다.

나는 지금도 가끔 벽장 같은 방에서 친구 가족과 폐기 닭을 삶아 먹으며 신나게 놀던 어린 시절을 떠올린다. 돌아보면 그때 우리는 서로의 긍정성에 기대어 살았던 것 같다. 나와 친구, 친구 가족들의 밝은 마음은 서로를 지켜 우울한 현실에 매몰되지 않도록 해주었다. 어려운 형편에서도 항상 웃음으로 나를 맞이해주던 친구 어머니의 얼굴이 지금도 눈에 선하다.

그 시절 나와 내 친구가 번듯하게 자라 대학 강단에 서게 될 거라고 누군들 상상이나 할 수 있었을까. 어떤 상황에서도 좋은 것을 찾고, 스스로 즐거울 줄 아는 긍정적인 마음은 우리의 미래에까지 밝은 길잡이가 되어주었다.

우리는 비관적인 현실 너머 밝은 미래를 꿈꿀 수 있는 힘을 주고받았다. 남보다 잘사는 것보다 중요한 건 어떤 태도로 삶을 마주하느냐는 것을, 나는 친구와 함께하며 배웠다.

변수 많은 인생길에서
일상이 바뀌는 강력한 무기

긍정적인 마음은 상황이 아무리 암울해도 끝내 마음을 지키게 해준다. 재능이 뛰어나거나 가진 것이 많지 않은 내가 성공 확률이 극히 낮은 도전들을 끝없이 감행하며 끝내 나다운 삶을 지켜온 비결은 '초긍정성'을 가졌기 때문이다. 덕분에 나는 아예 존재하지 않는 길을 만들어가는 용기를 낼 수 있었고, 일이 잘되지 않더라도 '아, 또 하나 배웠구나' 하며 툭툭 털고 일어날 수 있었다.

이런 초긍정의 힘을 이야기할 때마다 나는 반 고흐를 떠올린다. 생전에 단 한 점의 그림밖에 팔지 못했고, 정신병원을 들락거리며 귀까지 자른 그 화가가 어떻게 그토록 눈부신 해바라기를 그릴 수 있었을까? 가난과 고독, 정신적 고통에 시달리면서도 그는 동생 테오에게 이렇게 편지를 썼다.

'나는 내 영혼에 불이 있다고 느낀다. 그 불꽃이 꺼지지 않도록 계속 그림을 그린다.'

반 고흐의 해바라기는 단순한 꽃 그림이 아니다. 절망적인 현실 속에서도 태양을 닮은 노란 꽃을 바라보며 희망을 놓지 않았던 한 인간의 초긍정성을 담은 작품이다. 시들어가는 그에게는 해바라기조차 생명력 넘치는 아름다움으로 다가왔다. 이것이 바로 초긍정의 시선이다. 남들이 보지 못하는 것을 보고, 남들이 느끼지 못하는 것을 느끼는 힘이다.

누군가는 앞뒤 재지 않고 무조건 긍정적인 것은 문제가 있다고 말한다. 무슨 일을 시작하기 전에 긍정적인 면과 부정적인 면을 다 파악하고 잠재된 위험을 대비해야 성공 확률을 높일 수 있다는 것이다. 맞는 말이다. 나 역시 낙관적으로만 생각하고 프로젝트를 시작했다가 실패한 경험이 적지 않다. 그래서 이제 나는 프로젝트팀을 구성할 때 반대 의견이나 프로젝트의 한계에 관해 명확하게 이야기할 수 있는 사람을 반드시 영입한다.

그렇지만 반대 의견을 말할 때도 원칙이 있다. 우려되는 점을 냉정하게 말하되, 시도 자체를 폄하하지는 말아야 한다. 긍정을 잃지 않는다는 것은 언제나 대전제다. 그래야만 도전을 멈추지 않고 참신한 돌파구를 찾아낼 수 있기 때문이다. 반 고흐도 주변의 차가운 시선과 비판 속에서 살았지만 그림에 대한 열정만은 포기하지 않았다. 그 결과 오늘날 우리는 그의 작품을 통해 위로와 희망을 얻는다.

우리의 인생은 언제나 변수로 가득하고, 그것을 어떻게 해석하느냐에 따라 삶의 방향이 완전히 달라진다. 나는 그 수많은 변수를 위기가 아닌 기회로, 두려움이 아닌 기대감으로 받아들이려 애썼다. 그렇게 마음의 무기를 초긍정으로 장착한 순간, 일상이 놀랍게 바뀌기 시작했다.

당신도 충분히 가능하다. 바로 지금, 가장 좋아진 당신의 모습을 떠올려보라. 그리고 이 순간부터 당신 앞에 놓인 모든 상황이 그 모습으로 향하는 과정이라 믿어보라. 단언컨대 앞으로의 삶이 기적으로 가득 찰 것이다.

결국 인생을 움직이는 가장 강력한 무기는 삶의 변수에 맞서는 당신의 태도다. 변수는 피할 수 없지만 태도는 선택할 수 있다. 그 선택이 바로 당신의 인생을 만든다. 반 고흐가 어둠 속에서도 별이 빛나는 밤을 그렸듯이, 우리도 각자의 어둠 속에서 자신만의 별을 찾아 빛낼 수 있다. 그것이 초긍정의 힘이다.

작은 미소가 불가능을
가능으로 바꾼다

유학 시절 내내 내 트레이드마크는 '미소'였다. 캠퍼스에서 나는 항상 웃음 가득한 얼굴로 다니는 동양인으로 알려져 있었다. 처음에는 의식적으로 미소를 지어내기도 했지만, 신기하게도 웃을수록 일상의 사소한 일들이 감사해지기 시작했다. 하고 싶은 공부를 마음껏 할 수 있다는 사실이 기뻤고, 새로운 환경에서 역량을 펼칠 수 있다는 것만으로 충분히 감사했다. 그러다 보니 어느새 미소가 일상의 습관으로 자리 잡게 되었고 결국에는 얼굴 생김새가 마치 하회탈처럼 '웃는 상'으로 변했다. 아마 내 주변에 항상 사람이 많았던 건 그들의 뇌리에 박힌 하회탈 같은 내 얼굴 덕분이 아니었을까 생각한다.

늘 밝게 인사하고 모든 말에 웃으며 상대방 말에 열심히 귀 기울이다 보니 내 말이 조금 어눌해도 그들 역시 내 이야기를 끝까지 경청해주었다. 누군가가 불쾌한 표정으로 대화를 시작해도 미소를 잃지 않고 성의껏 답변하면 어느새 그들도 부드럽게 태도를 바꾸곤 했다. 심지어 별다른 교류가 없던 교수님들조차 나를 좋은 학생으로 기억해주셨다.

직접 강단에 서보니 당시 교수님들이 왜 유독 나를 기억해주셨는지 알 것 같았다. 수업 시간 내내 싱글벙글한 얼굴로 강의에 초집중하는 학생을 어떻게 잊겠는가. 내 미소에 배움에 대한 감사와 새로운 지식을 향한 설렘이 자연스럽게 드러난 것이었다.

이처럼 삶을 긍정적으로 바꾸고 싶을 때 가장 간단하면서도 지금 당장 실천할 수 있는 방법은 '미소 짓기'다. 웃는 얼굴은 관계를 부드럽게 만들고 사람들로 하여금 내 말을 더 경청하고 더 신뢰하도록 해준다. 무엇보다도 스스로를 북돋아주는 효과까지 있으니 그야말로 인생의 치트키라 해도 과언이 아니다.

위기를 모면하게 하고
분위기를 바꾸는 웃음의 힘

웃음은 특히 위기의 순간에 놀라운 힘을 발휘한다. 이전에 비행할 때의 일이다. 파일럿 친구의 비행기를 대신 조종하며 라스베이거스로 향하던 길이었다. 이륙 직후 친구와 체크리스트를 나눠 점검하는 과정에서 연료탱크 밸브가 'OFF' 상태로 남아 있는 것을 발견했다. 급히 'ON'으로 돌린 순간, 엔진이 갑자기 털털거리며 무섭게 흔들렸다. 눈앞이 아득해지고 온몸에 소름이 돋았다. 반사적으로 다시 'OFF'로 돌리자 간신히 엔진이 살아났다. 단 몇 초였지만 생사가 엇갈릴 수 있는 아찔한 순간이었다.

위기는 지나갔지만 심장은 여전히 거세게 뛰었다. 그런데 고개를 돌려 옆을 보니 친구는 얼굴 가득 미소를 머금고 있었다.

"괜찮아, 네가 잘했어. 아무 문제 없어."

따뜻한 표정 속에 담긴 그 말에 긴장이 스르르 풀렸다. 알고 보니 친구가 정비 중에 연료 선택 밸브 나사를 잘못 끼워넣는 바람에 벌어진 해프닝이었다. 만약 그가 놀라 소리를 질렀거나 당황한 기색을 드러냈다면, 나는 패닉 상태에 빠져 돌이킬 수 없는 실수를 저질렀을지도 모른다. 결국 위기를 넘어설 수 있었던 것은 위기의 순간에 친구가 보인 미소 덕분이었다.

이처럼 웃음은 생사의 기로에서조차 마음을 붙잡아주는 힘이 있다. 그런데 웃음이 꼭 극한 순간에 필요한 건 아니다. 전혀 다른 상황에서도 웃음은 마법처럼 작동했다.

몇 년 전, 말랄라 펀드가 주최한 토론회에 진행자로 참석했을 때였다. 탈레반의 총탄을 맞고도 살아난 파키스탄 소녀 말랄라 유사프자이가 만든 이 재단은 여성 인권 의식을 높이기 위한 활동을 이어가고 있었다. 그러나 무대 위에 서보니 청중들의 표정은 잔뜩 굳어 있었다. 토론의 주제가 진지해서인지 공기마저 무거워 보였다.

나는 하던 말을 잠시 멈추었다가 엉뚱한 이야기를 꺼냈다.

"오늘 이 자리를 위해 머리를 자르고 왔습니다. 어떤가요, 제 머리 스타일?"

순간 웃음이 터져나왔다. 청중들은 멋지다며 환호했고 나는 "감사합니다! 역시 이곳에는 헤어스타일 전문가가 많군요"라며 화답했다. 금세 분위기가 풀렸고 사람들의 얼굴에 긴장이 사라졌다. 이어서 나는 말을 이었다.

"저희는 이렇게 마음대로 머리를 자르고 염색하고 뽐낼 수 있습니다. 그러나 지구 반대편에서는 머리카락조차 드러낼 수 없는 여성들이 있습니다."

웃음으로 열린 마음에 진지한 메시지가 곧바로 닿았다. 토론은 더욱 활발해졌고 사람들의 공감도 깊어졌다. 그날 나는 무거운 주제일수록 가벼운 웃음으로 시작해야 한다는 사실을 깨달았다.

웃음은 마음의 빗장을 여는 열쇠다. 위기의 순간에는 침착함을 되찾게 하고 경직된 분위기에서는 따뜻한 소통의 물꼬를 튼다. 웃음은 당신이 무엇을 하든지 그 효과를 1,000배는 더 높여주는, 불가능을 가능으로 바꾸는 마법의 주문이다.

사람들을 끌어당기는
'인간 자석'의 비밀

사람은 웃을 때 가장 편안하고 따뜻해 보인다. 그런데 별반 어려울 게 없는 이 단순한 행위가 몸과 마음에 지대한 영향을 준다는 사실을 아는가? 웃는 얼굴은 스트레스 호르몬을 줄이고 행복감을 일으키는 호르몬을 활성화한다. 독일 심리학자 프리츠 슈트라크Fritz Strack 박사팀은 억지로라도 미소를 지으면 뇌가 그것을 긍정적인 신호로 받아들이고, 실제 기분까지 바뀐다는 사실을 실험으로 확인했다.

한번 생각해보자. 오늘 하루 당신의 얼굴은 어떤 표정을 하고 있었는가? 기분이 가라앉을수록 거울 앞에 서서 억지로라도 웃어야 한다. 처음에는 어색하겠지만 반복하다 보면 습관이 되고, 작은 변화가 쌓여 자신감을 키운다. 그리고 그 미소 하나가 예상치 못한 기회를 가져다주기도 한다.

내가 평소 '인간 자석'이라고 부르는 학생이 있다. 별명이 말해주듯 그녀 주위에는 늘 좋은 사람들이 함께한다. 한번은 그 학생이 두바이에 여행을 갔을 때의 일을 들려주었다. 짐이 늘어난 바람에 새 캐리어가 필요해 백화점에 들렸는데 그곳에서 한 독일 부부와 이야기를 나누게 되었고 결국 저녁식사까지 함께하게 되었단다. 그런데 우연한 식사 자리에서 나온 대화는 여행 이야기를 넘어 그녀의 미래와 연결되었다. 독일에서 회사를 운영하는 부부는 "언제 독일에 올 기회가 있으면 우리 회사에서 인턴을 해보라"라며 스카웃 제안까지 건넸다. 웃는 얼굴로 시작된 짧은 인연이 새로운 가능성으로 이어진 순간이었다.

스페인 산티아고 순례길 여행에서도 그녀는 비슷한 일을 겪었다. 갑자기 비가 내려 호텔 앞 버스정류장에서 한 사람과 자연스럽게 우산을 함께 쓰게 되었다. 그 계기로 두 사람은 남은 일정 동안 함께 여행 다니며 즐거운 시간을 보냈다. 그 소중한 시간을 기억하고자 두 사람이 함께한 순간들을 영상에 담아 SNS에 올렸는데, 뜻밖에 많은 사람으로부터 좋은 반응을 얻었다. 지금도 그 둘은 연락을 이어가며 친구로 지내고 있다.

그녀는 늘 자신을 운이 좋은 사람이라 말한다. 하지만 나는 단순히 운이 좋다고만 생각하지 않는다. 언제나 온화한 미소가 가득한 그녀의 얼굴이 낯선 이의 마음을 열었고 우연을 인연으로 바꾸어 놓았을 것이다. 미소는 마음의 문을 여는 열쇠이자 언어와 국경을 뛰어넘는, 가장 간단하지만 강력한 소통의 방식이다.

결국 미소는 나 자신의 가능성을 확장시키는 힘이 된다. 억지로 시작하더라도 상관없다. 잠시 멈추어 거울을 보라. 그리고 입꼬리를 살짝 올려보라. 그 작은 움직임이 당신의 하루를, 어쩌면 인생을 바꿀 시작점이 될 수 있다.

부정적인 말들에 갇히면
내 가능성도 꺾이고 만다

나는 다른 사람의 말에 잘 휘둘리지 않는 성격이다. 남들이 다 안 될 거라고 하더라도, 안 되는 이유보다 되는 이유를 찾는 성격이 지금의 나를 있게 했다고 생각한다. 그럼에도 유년 시절 한국에서 귀에 인이 박이도록 들은 비난과 무시의 말들은 아직도 상처로 남아 있다. 공부를 못한다는 이유로 인생에서 아무것도 이룰 수 없는 사람 취급을 받는 것은 견디기 힘들었다.

특히 미국에 가기로 결심했을 때 학교 선생님들을 비롯해 가까운 친지들에게 들은 말은 어린 내게 큰 고통이었다.

"아서라, 너희 부모님 생각은 안 하니? 괜히 가서 돈 낭비, 시간 낭비하지 말고 지방대라도 찾아봐라."

더 충격적이었던 것은 평소 나를 귀여워해주던 형과 누나의 친구들까지 온갖 부정적인 말을 퍼부었다는 것이다. 어른들의 비난이야

익숙했지만 나를 아껴준다고 생각했던 사람들의 말은 더 깊은 상처가 되었다. 내 친구들의 반응도 엇비슷했다. 내게 그런 말을 했던 친구들은 대부분 연락이 끊어졌는데, 지금의 폴 김이 옛날에 인천에서 꼴찌를 하던 그 김홍석이라는 것을 알면 깜짝 놀랄 것이다.

한두 사람이 그런 말을 했을 때는 거뜬히 넘길 수 있었다. 그러나 주위 모든 사람이 온통 부정적인 말을 던지니 마음을 잡기가 쉽지 않았다.

하지만 막상 미국에 와보니 그들이 말하던 부정적인 미래는 실체가 없는 기우라는 것을 금방 깨달았다. 공부를 못한다고 무시하는 사람은 한 명도 없었다. 심지어 내가 한국에서 1등을 했는지 꼴찌를 했는지 궁금해하지도 않았다. 그들에게 나는 그저 영어가 조금 부족한 외국인일 뿐이었다.

교수님과 친구들은 영어가 서툰 나를 끝까지 참고 기다려주며 격려해주었고, 부족한 부분을 털어놓으면 다양한 방법으로 도와줬다. 새로운 도전을 할 때마다 응원해주었고 작은 성취에도 크게 축하해줬다.

한국에서나 미국에서나 나는 똑같은 사람이었다. 호기심과 질문이 많은 성격 때문에 한국에서는 '설치는 아이'라는 핀잔을 들었지만, 미국에서는 '열정 있고 진취적인 사람'으로 평가되었다. 낙천적인 성향도 한국에서는 '대책 없음'으로 치환된 반면, 미국에서는 '호감형'으로 해석되었다.

이렇게 180도 뒤바뀐 평가들이 내게 어떤 영향을 미쳤을까? 폄훼와 비난에 둘러싸여 있을 때 나는 내 색깔을 지키기 위해 고군분투하면서 움츠러들지 않기 위해 늘 자기방어를 해야 했다. 그런데 응원과 격려의 말들을 듣자 내 장점들이 뚜렷하게 보였고 이를 적극적으로 개발해나가게 되었으며 오로지 하고 싶은 일들에 집중하며 꿈을 펼쳐나갈 수 있었다.

한국이 나쁘고 미국이 좋다는 얘기가 아니다. 핵심은 긍정적인 피드백을 많이 들을 수 있는 환경으로 떠나든지, 아니면 그런 환경을 직접 만들어가야 한다는 점이다. 지금 내가 있는 곳이 권위적인 가스라이팅의 숲이어서 항상 눈치를 봐야 한다면, 당장 그곳을 떠나라. 이러한 환경을 보통 독성 환경Toxic environment이라고 부른다. 이런 데서 살아남으려다가는 건강까지 해친다. "나는 괜찮아"라고 스스로 세뇌하며 참겠지만, 몸에 서서히 독이 퍼지고 있는 것과 다르지 않다.

인생은 짧다. 그런 숲에서 살기에는 주어진 시간이 너무 아깝다. 진솔함이 있고 열린 소통과 수평 문화가 정착되어 있는 환경은 분명히 있다. 그곳을 찾아가라. 그리고 만약 찾을 수 없다면 직접 만들어라. 당신의 초긍정성이 빛을 발할 수 있는 곳에서 살아야 한다.

환경이 나를 만든다
부정적인 관계는 단호하게 끊어내라

아무리 긍정적인 사람이라도 부정적인 말을 계속 들으면 마음에 그늘이 드리울 수밖에 없다. 반대로 세상을 부정적으로 보던 사람도 곁에서 누군가 끊임없이 긍정의 기운을 북돋아준다면 어느새 용기가 생긴다.

중국 옛말에 "근묵자흑 근주자적近墨者黑 近朱者赤"이라는 말이 있다. 먹을 가까이하면 검게 물들고, 붉은 인주를 가까이하면 붉어진다는 뜻이다. 곁에 어떤 사람을 두느냐에 따라 삶의 빛깔이 달라진다는 인생의 지혜를 담고 있다. 학문에 정진하던 선비도 방탕한 무리에 섞이면 무너지고, 평범한 이도 성실하고 지혜로운 사람을 곁에 두면 한 걸음 더 성장한다. 우리의 마음은 스스로 독립적이라 믿지만 사실은 함께 어울리는 사람과 환경 속에서 빚어진다.

남이 뭐라고 하든 아예 신경 쓰지 않고 살 수 있다면 좋겠지만 현실은 말처럼 쉽지 않다. 마음을 굳게 다잡으려 해도 계속해서 나쁜 이야기만 듣다 보면 없던 불안감도 자라나기 마련이다. 그러므로 주변에 늘 부정적인 말로 기운을 빼앗는 사람이 있다면 미련 없이 그 자리를 벗어나야 한다.

주변 모든 이가 내게 비판적이라면 다른 관계를 찾아나서라. 나와 비슷한 비전을 품은 사람들의 모임을 찾거나 새로운 지역으로 이사하는 것도 방법이다. 늘 만나던 사람을 넘어 긍정적이고 건설적인 이야기가 자연스럽게 오가는 관계에 힘을 기울이라. 어딘가에는 반드시 나를 긍정적으로 바라봐주는 이들이 있다. 환경을 바꾸는 것을 두려워하지 말고 기운을 북돋아주는 사람들과 더불어 살아가라.

다만 주의할 것은 단순한 의견의 차이와 필요 없는 비난을 구분해야 한다는 점이다. 나와 생각이 다른 사람과의 교제는 여전히 중요하다. 그래야 세상을 보는 눈이 넓어지고 내가 설 무대도 커진다. 그러나 이유 없는 비난, 나라는 존재 자체를 부정하는 말은 단호히 끊어야 한다.

그 관계를 아쉬워할 필요는 없다. 세상에는 긍정적인 상호작용을 나눌 수 있는 사람이 훨씬 더 많다. 아직 내가 찾지 못했을 뿐이다. 결국 내가 어떤 환경에 서 있고 누구와 함께하느냐에 따라 내 삶의 결이 정해진다. 그러니 나를 존중하고 내가 나 자신을 더 사랑할 수 있게 하는 사람들과 지내라. 그런 관계들이 나를 앞으로 나아가게 할 것이다.

관계를 바꾸는 가장 빠른 방법, 내가 먼저 긍정의 사람이 되는 것

관계를 바꾸는 가장 빠른 방법은 내가 먼저 긍정적인 사람이 되는 것이다. 긍정적인 사람들과 함께하고 싶다면 내가 먼저 좋은 에너지를 가진 사람이 되어야 한다. 그러므로 혹시 내가 무심코 주변 사람들에게 쓸데없는 걱정이나 부정적인 기운을 퍼뜨리고 있지는 않은지 돌아볼 필요가 있다. 아무리 조언이라고 해도 그 말이 상대방의 기를 죽인다면 결국 남는 것은 상처뿐이다. 그러나 상대의 가능성을 알아주는 말, 한 걸음 더 나아가도록 힘을 주는 말은 언제든 격려가 되며 결과와 상관없이 상대방의 성장을 돕는다.

한번은 한 학생이 찾아와 스타트업을 시작하겠다고 했다. 하지만 그는 아직 구체적인 사업 모델이 없었고 함께할 동료조차 구하지 못한 상태였다. 그런데도 곧장 투자자를 만나러 가겠다고, 자신은 반드시 해낼 수 있다고 목소리를 높였다. 그 패기는 분명 귀했지만 실전에 뛰어들기 전에 충분한 시장조사와 아이디어 구체화 같은 준비가 필요했다. 나는 그의 소중한 열정이 무모한 도전이 되지 않도록 도와주고 싶었다.

그래서 나는 단호하게 "안 돼"라고 말하는 대신 스스로 현실을 직시할 수 있도록 조용히 몇 가지 질문을 던졌다.

"투자자라면 지금 당신의 사업에서 무엇을 가장 궁금해할까요? 그리고 그들에게 어떤 확신을 줘야 당신에게 기꺼이 돈을 맡길 수 있을까요?"

그는 한동안 말을 잇지 못했고 방 안에 잠깐의 정적이 흘렀다. 이내 그는 고개를 숙이며 인정했다. 지금 상태로는 설득력 있는 답을 내놓기 어렵다는 것을 스스로 깨달은 것이다. 그것은 누군가의 지적에 눌려서가 아니라 생각하는 과정에서 나온 자기 안의 솔직한 목소리였다. 그 순간 그는 더 철저한 준비가 필요함을 받아들일 수 있었다.

만약 내가 처음부터 "그건 불가능해"라고 잘라 말했다면 그는 방어적으로 맞받아치거나 상처만 받고 떠났을 것이다. 그러나 스스로 답을 찾아가는 과정에서 그는 현실을 받아들이면서도 자존심을 지킬 수 있었다. 그 경험은 스타트업을 향한 그의 여정에서 중요한 배움이 되었을 것이다. 설사 앞으로 실패를 경험하더라도 자신이 내린 결정이기에 책임감을 갖고 성장할 수 있을 것이다.

이렇듯 말은 어떻게 하느냐에 따라 전혀 다른 결과를 낳는다. 같은 내용이라도 전달하는 방식에 따라 상대의 가능성을 죽일 수도, 오히려 그 가능성을 깨울 수도 있다. 우리는 언제나 상대를 일으켜 세우는 쪽을 선택해야 한다.

무엇보다 중요한 것은 평소에 주변 사람들에게 긍정의 말을 건네는 습관을 들이는 것이다. 작은 성취를 칭찬하고, 새로운 시도를 응원하며, 사소한 변화라도 함께 기뻐하라. 별다른 계기가 없어서 못 했다는 핑계는 통하지 않는다. 마음만 먹으면 언제든 좋은 말을 찾아낼 수 있다. 긍정의 언어는 특별한 순간에만 필요한 것이 아니라 매일의 삶 속에서 사람을 살리고 관계를 밝히는 수단이 된다.

그래서 우리는 스스로에게 물어야 한다.

지금 내 주변은 내 가능성을 키우는가, 아니면 꺾고 있는가? 내가 듣는 말들은 나를 앞으로 나아가게 하는가, 아니면 제자리에 붙들어 두고 있는가?

만약 부정적인 말들 속에 갇혀 있다면 과감히 그곳을 떠나야 한다. 그러나 동시에 내가 먼저 긍정적인 사람이 될 때 내 곁에는 자연스럽게 긍정적인 사람들이 모여든다는 사실을 기억해야 한다. 결국 관계를 바꾸는 가장 **빠른** 길은 내가 먼저 변하는 것이다.

낯선 사람에게는
일단 100점을 주고 시작하라

미국의 비즈니스 및 고용 중심 네트워크 서비스 기업인 링크드인의 창립자 리드 호프먼은 이렇게 말했다.

"기회는 하늘의 구름처럼 떠다니지 않는다. 기회는 사람들 가까이에 있다. 기회를 찾고 있다면 사람을 가까이해야 한다."

나는 이 말에 전적으로 동의한다. 내 지난날을 돌아보면 전혀 예상치 못한 순간에, 전혀 알지 못하는 사람에게 결정적인 도움을 받은 적이 많았다. 간절히 원했던 재원이나 정보, 기회들 또한 대부분 주변 사람을 통해서 얻었다. 혼자였다면 절대 해내지 못했을 일을 협업으로 이뤄낸 경험도 수차례다. 무엇보다 누군가를 만나고 알아가는 과정은 내게 완전히 새로운 세상을 열어주었다. 한 사람은 그 자체로 하나의 우주 아니던가. 그렇기에 새로운 사람을 만나는 것은 곧 새로운 우주를 탐험하는 것과 같다.

그래서 나는 낯선 사람을 만나면 일단 100점을 주고 시작한다. 이는 내 안의 초긍정성을 발현시키는 나만의 방식이다. 누구를 만나더라도 일단 믿고 보는 것이다.

흥미롭게도 내 이런 태도에는 심리학적 근거가 있다. 바로 '피그말리온 효과'다. 1960년대 로버트 로젠탈Robert Rosenthal과 레노어 제이콥슨Lenore Jacobson이 진행한 유명한 실험이 있다. 그들은 한 초등학교에서 학생들을 무작위로 선정한 다음, 교사에게 "지능검사 결과 앞으로 성적이 크게 향상될 학생들"이라는 거짓 정보를 주었다. 놀랍게도 1년 후에 확인해보니 그 학생들의 성적이 실제로 눈에 띄게 향상되었다. 교사의 긍정적 기대가 학생들에게 전달되어 실제 성과로 이어진 것이다.

인간관계에서도 이 원리가 똑같이 작용한다. 내가 상대방을 유능하고 선한 사람으로 대하면 그 사람은 정말로 그런 모습을 보여주려고 노력한다. 반대로 의심하고 경계하면 상대방도 방어적으로 되고 부정적인 모습을 보이기 쉽다. 내가 먼저 100점을 주면 상대방도 100점짜리 모습을 보여주려 애쓰는 것이다.

이렇게 무턱대고 사람을 긍정적으로 보려고 하니 아내는 내게 사기를 당하기 딱 좋은 성격이라고 농담하곤 한다. 하지만 열 번 사기를 당하더라도 결정적인 인연을 한 번 만날 수 있다면 그 하나가 내 삶에 훨씬 큰 유익이다. 게다가 나를 속인 사람을 반면교사로 삼는다면 그 또한 값진 배움 아니겠는가. 이것이 바로 긍정의 관점으로 세상을 바라보는 방식이다.

　미국에 와서 가장 좋았던 건 다양한 사람을 만날 수 있었다는 점이다. 한국도 점차 개성을 존중하는 문화가 정착되면서 사회가 다채로워지고 있지만 내가 학창 시절을 보낸 1970~1980년대에는 지금과 비교할 수 없을 만큼 사회 분위기가 경직되어 있었다. 그러니 다양한 배경과 가치관, 특기와 비전을 가진 사람들이 모여 있는 미국 사회는 내게 놀라움과 신선함의 연속이었다.

　전혀 다른 인생을 살아온 사람을 마주할 때마다 나는 내 세계관이 실시간으로 넓어지는 것을 느낀다. 잘 몰랐던 분야의 지식을 얻게 되고 상상하지 못했던 색다른 관점을 얻게 된다. 그리고 가끔은 정말로 전혀 다른 세상으로 들어가게 된다.

　내게 공부의 재미를 알려준 음악 교수님, 과분한 직장을 제안해 준 피닉스대학교 부총장님, 파일럿 자격증에 도전할 용기를 준 학생까지, 이들은 모두 내 인생에 깊은 영향을 준 잊을 수 없는 은인이다. 만약 내가 그들을 의심하고 경계했다면 이런 소중한 인연을 만들 수 있었을까?

　피그말리온 효과는 서로를 대하는 태도가 얼마나 강력한 힘을 가지는지 보여주는 증거다. 긍정의 눈으로 사람을 바라보면 그 사람도 내게 긍정적으로 다가온다. 내가 먼저 100점을 주면 상대방도 내게 100점짜리 모습을 보여주려 노력한다. 이것이 바로 긍정이 만드는 선순환이다.

물론 실망할 때도 있다. 하지만 그런 경험조차도 나를 더 단단하게 만들어준다. 결국 사람을 믿는 것은 나 자신을 믿는 것이고, 세상을 긍정하는 것은 내 삶을 긍정하는 것이다. 오늘부터 당신도 낯선 사람에게 먼저 100점을 주는 연습을 해보는 것은 어떨까? 그 작은 변화가 당신의 인생에 놀라운 기회를 가져다줄지 모른다.

카막시와의 만남과
초긍정이 만드는 기적

좋은 인연들은 서로의 세계를 열어서 영향력을 주고받을 때 특히 큰 힘을 발휘한다. 마이크로소프트에서 일하고 있는 내 제자 카막시는 내게 아주 소중한 인연이다. 우리의 만남은 그녀가 보낸 이메일 한 통에서 시작되었다.

평소 세계 각지에서 내 연구에 관심을 보이는 메일을 수없이 받는데 카막시의 메일은 무언가 달랐다. 그녀는 인터넷을 통해 나를 알게 되었다고 스스로를 소개한 뒤, 인턴으로 자신을 써달라는 당돌한 제안을 해왔다. 놀랍게도 당시 그녀는 겨우 열네 살이었다. 대학생도 아니고 고등학생도 아닌 이제 막 사춘기에 접어든 중학생이었다. 자신은 충분히 똑똑하고 능력이 있으니 인턴으로 고용한다면 후회하지 않을 거라는 말과 함께 앞으로의 목표와 비전, 의지를 담은 무려 A4 다섯 장 분량의 편지를 보내왔다.

나는 이 낯선 학생에게도 일단 100점을 주고 시작하기로 했다. 물론 검증은 필요했다. 카막시의 호언장담이 진심인지 알아보려고 과제를 하나 내주었다. 대런 아세모글루와 제임스 로빈슨이 쓴 《국가는 왜 실패하는가》를 읽고 독후감을 써보라는 미션이었다. 이 책은 로마, 중세 베네치아, 구소련, 라틴 아메리카, 잉글랜드, 미국 등 실패한 국가와 성공한 국가의 결정적인 차이가 무엇인지 밝히는 책으로, 성인이 읽기에도 만만치 않다.

대부분의 학생은 이런 과제를 받으면 다시는 연락하지 않는다. 그러나 카막시는 달랐다. 충실히 책을 읽고 핵심을 짚어내 독후감을 썼다. 그녀가 보낸 글엔 나조차도 생각하지 못한 통찰이 담겨 있었다. 이후에도 까다로운 과제를 몇 번 더 내주었는데 하나하나 진지하고 성실하게 해냈다. 평범한 학생과는 확실히 달랐다. 내가 그녀에게 준 100점이 틀리지 않았음을 증명하는 순간들이었다.

카막시가 고등학교를 졸업할 무렵이 되자 자연스럽게 내 프로젝트에 정식으로 합류하게 되었다. 우리는 오지 교육 프로그램을 개발하기 위해 현지에 가보기도 하고 여러 가지 시범 운영도 함께 진행했다.

그러던 어느 날, 카막시는 내게 인도에 이 교육 프로젝트를 도입해보자는 제안을 했다. 자신의 고향만큼 이런 프로그램이 필요한 곳이 없다며 말이다. 나는 카막시의 안내로 인도를 찾았고 곧 그녀의 말이 과장이 아님을 깨달았다. 인도에는 분명 훌륭한 교육기관도 있었지만 신분제 여파로 하층민의 삶은 정말 처참했다.

슬럼가에는 하수구가 없어 마을 곳곳에 오수가 흘렀고, 온갖 해충이 들끓었으며, 아이들은 거리에서 아무나 붙잡고 구걸하고 있었다. 그녀는 내가 보지 못했던 세계의 또 다른 면을 열어준 것이다.

우리는 즉시 현지 봉사 단체와 협력하여 프로젝트에 착수했고, 인도의 여러 슬럼가 지역에 우리가 개발한 휴대용 교육 디바이스를 보급하기 시작했다. 그 모든 과정에서 카막시는 핵심적인 역할을 했다. 이 프로젝트를 계기로 '교육 오지'의 범위는 훨씬 확장되었다.

처음 우리는 지도자와 학생의 관계로 만났지만, 나는 시간이 지날수록 나는 그녀를 통해서 전혀 새로운 시각과 세상을 배우게 되었다. 어린 제자가 가진 순수한 열정과 편견 없는 시선은 내가 그동안 놓치고 있던 것들을 보게 해주었다. 기득권의 눈으로는 볼 수 없었던 불평등의 민낯을 그녀는 있는 그대로 직시하고 있었다. 그런 경험은 내가 언제나 마음을 열어두는 중요한 이유가 되었다.

은인이 어떤 모습으로 당신에게 다가올지는 누구도 모른다. 중학생의 이메일일 수도 있고, 우연히 만난 낯선 사람일 수도 있다. 때로는 지하철에서 자리를 양보한 노인일 수도 있고, 길을 물어본 외국인일 수도 있다. 나는 카막시를 통해 배웠다. 나이나 경험, 사회적 지위는 중요하지 않다는 것을. 오히려 어린 사람일수록 세상을 더 맑은 눈으로 보고, 경험이 적은 사람일수록 더 과감한 도전을 할 수 있다는 것을.

중요한 것은 그들에게 먼저 100점을 주고, 긍정의 눈으로 바라보는 마음이다. 그럴 때 비로소 서로의 세계가 열린다. 내가 가진 지식과 경험이 상대에게 흘러가고, 상대가 가진 새로운 시각과 열정이 내게로 흘러온다. 이런 상호작용 속에서 우리는 함께 성장하고 더 넓은 세상을 만들어간다. 카막시와 나의 만남이 인도 슬럼가 아이들의 교육으로 이어진 것처럼 하나의 긍정적인 만남은 예상치 못한 곳까지 파급효과를 일으킨다. 그것이 바로 초긍정이 만드는 기적이다.

의도적으로 컴포트존을 벗어나 진짜 배움과 성장을 경험하라

사람은 누구나 자신만의 안전지대를 가지고 있다. 익숙한 사람들, 편안한 장소, 예측 가능한 상황들. 우리는 본능적으로 이런 컴포트존 안에 머물고 싶어 한다. 하지만 진정한 성장은 그 경계를 넘어설 때 일어난다.

스탠퍼드대에 재직하는 동안 수많은 사람을 만났다. 그간 정말 많은 사람과 만남을 가져왔지만, 사실 스탠퍼드대까지 찾아와서 자신의 이야기를 할 수 있는 사람들은 매우 제한적이다. 나는 좀 더 다양한 사람들과의 만남과 교류를 원했다. 나와 완전히 다른 배경,

다른 생각, 다른 삶을 사는 사람들을 만나고 싶었다. 그때부터 나는 의도적으로 다른 선택을 하기 시작했다.

내가 사람을 통해 많은 것을 배우고 수많은 기회를 얻을 수 있었던 데에는 두 가지 중요한 전제가 있다. 하나는 모든 사람에게 긍정적이고 열린 마음을 가졌던 것이고, 다른 하나는 의도적으로 나의 컴포트존을 벗어난 새로운 만남을 추구하려고 노력했던 것이다.

매일 같은 사람들과만 대화를 나누고 나와 비슷한 관심사나 업계의 사람들과만 교류하면 연결의 폭은 제한적일 수밖에 없다. 오히려 지금은 별 도움이 되지 않아 보이는 사람, 나와 접점이 전혀 없을 것 같은 사람에게서 나의 편견을 깨고 뜻밖의 아이디어나 통찰을 얻는 경우가 많다.

그래서 나는 미국인의 스몰토크 문화를 적극 활용한다. 미국에서는 엘리베이터나 대중교통에서 처음 보는 사람과 자연스럽게 말을 섞는다. 대부분 가벼운 대화로 끝나지만 나는 종종 가던 길을 멈추고 더 긴 대화를 나누기도 한다.

한국에서도 내 이런 습관이 발동해 예상치 못한 만남으로 이어지기도 했다. 한번은 광화문을 걷는데 웬 낯선 여자가 다가오더니 "얼굴에 빛이 나세요"라고 말을 걸었다. 보통 사람들이라면 피했을 상황이지만, 나는 갑자기 호기심이 일어 대화를 이어갔다. 어느새 우리는 꽤 심도 있는 주제로 서로의 의견을 공유하고 있었다.

그녀가 차를 마시며 이야기를 나누자고 권했을 때, 나는 "식사는 하셨나요? 아직이시면 함께 점심을 하시죠"라고 제안했다. 조금 놀라는 눈치였던 그녀는 사실 아침도 거르고 나왔다며 고마워했다. 나는 근처 삼청각의 한정식집으로 그녀를 안내했다. 아무리 강한 마음을 가졌더라도 길에서 계속 사람들에게 말을 걸고 무시당하는 것이 쉽지만은 않았을 것이다.

식사하며 더 깊은 이야기를 나누었다. 놀랍게도 그녀는 원래 교사가 꿈이었다고 했다. 모든 아이에게 평등한 기회를 주는 좋은 교사가 되고 싶어 오랫동안 임용고시를 준비했다. 하지만 연이어 시험에서 떨어졌고 생계를 위해 학원 강사로 일하게 되었다고 했다. 그곳에서 그녀가 본 것은 우리나라 교육의 또 다른 현실이었다. 부모의 소득 수준에 따라 아이들이 받는 교육의 질이 달라지는 것을 매일 목격했고 그것이 마음 아팠다고 했다.

"학원에서 일하면서 가장 힘들었던 건 아이들의 표정이었어요. 편의점이나 화장실에 다녀오는 것까지 체크되어 부모님 스마트폰에 알림이 가는 시스템 속에서 숨 막혀하는 아이들이 정말 안타까웠어요."

아이가 화장실을 다녀오는 것까지 알람으로 학부모에게 알려준다는 사실은 나도 처음 알았다. 그녀의 목소리는 담담했지만 교육에 대한 순수한 열정이 현실과 부딪히면서 느꼈을 좌절감이 고스란히 느껴졌다. 그러던 중 그녀는 지금의 종교를 만나 자신만의 위안을 찾았다고 했다. 그래서 이제는 길에서 사람들을 만나 자신이 경험한 것을 나누고 있다는 것이었다.

"사람들은 저를 이상하게 봐요. 하지만 저는 이 일이 교사가 되고 싶었던 제 꿈과 완전히 다르지 않다고 생각해요. 사람들과 만나고 이야기하는 것, 그게 제가 계속하고 싶은 일이에요."

그녀와의 대화는 내게 많은 생각을 하게 했다. 처음에는 단순히 포교자로만 보였던 그녀가 사실은 우리 사회의 교육 불평등에 좌절한 선생님이었다.

이후에도 몇 번에 걸쳐 그녀와 메시지를 주고받았다. 내 안부를 묻기도 하고 소소하게 시작하게 된 달리기에 대한 이야기를 들려주기도 했다. "매일 아침 한강에서 30분씩 뛰고 있어요. 처음엔 5분도 힘들었는데 이제는 괜찮아졌어요"라며 자랑스러워했다. 또 어느 날은 "이제는 완전히 새로운 길을 찾아가기로 했습니다. 잘 되길 응원해주세요"라며 수줍은 이모티콘을 함께 보내기도 했다. 그녀는 길에서 만난 특이한 사람이 아니라 어디에나 있을 법한 평범한 30대 여성이었다. 이 경험을 통해 나는 깨달았다. 우리가 길에서 스치는 보통 사람들의 이면에는 각자의 사연과 아픔 그리고 꿈이 있다는 것을. 그들도 나름의 이유로 자신만의 가치를 추구한다는 것을.

새로운 사람과의 낯선 대화는 처음에는 불편할 수 있다. 특히 나와 전혀 다른 가치관을 가진 사람과 만나는 건 내 컴포트존을 크게 벗어나는 경험이다. 하지만 결국 그 불편함 속에서 사고가 확장된다. 내가 알지 못했던 세상의 다른 면을 보게 되고 당연하게 여겼던 것들을 다시 생각해보게 된다.

컴포트존 밖의 만남은 예측할 수 없지만, 그 예측 불가능 속에 진짜 배움과 성장이 숨어 있다. 나와 비슷한 사람들과만 어울리면 내 세계는 점점 좁아진다. 하지만 전혀 다른 배경과 생각을 가진 사람들을 만나면 내 세계는 더욱 넓어지고 사람을 포용하는 힘도 커진다.

우리가 가장 의외의 사람들로부터 가장 깊은 깨달음을 얻는 이유가 바로 여기에 있다. 익숙함은 편안하지만 성장을 멈추게 한다. 반면 낯섦은 불편하지만 새로운 가능성을 열어준다. 그래서 나는 오늘도 낯선 만남을 두려워하지 않고 오히려 기대한다. 그 만남이 또 어떤 새로운 세계로 나를 인도할지 알 수 없기 때문이다.

나이도 직급도 뛰어넘는 관계의 확장이 인생의 기회도 확장시킨다

나는 다양한 연령대와 교류하는 것을 즐긴다. 특히 학생들을 자주 만나게 되는데, 권위를 내려놓는 순간 관계는 훨씬 넓어진다. 오히려 내가 더 많은 것을 배우게 된다.

한번은 열 살 남짓한 아이가 부모님을 따라 연구실에 왔다. 아이가 심심해 보이길래 내가 개발한 '스마일SMILE'이라는 창의적 질문 플랫폼을 보여주었다. 그런데 잠시 조작해보단 아이가 "이거 너무 복잡해요. 이렇게 한 번에 넘어가면 좋겠어요"라고 말하는 게 아닌가. 순간 당황했지만 나는 어떻게 하면 좋을지 되물었다. 아이는 자기가 즐겨 쓰는 앱의 장점을 30분에 걸쳐 설명했고, 그 의견은 실제로 앱을 개선하는 데 결정적인 도움이 되었다. 박사학위를 가진 전문가들이 놓친 부분을 열 살 아이가 단번에 짚어낸 것이다.

마찬가지로 연장자들과의 교류에서도 많은 것을 배운다. 그들로부터는 동년배에게서 얻을 수 없는 혜안이 있다. 나는 30대에 들어서면서부터 의도적으로 은퇴 연령대의 사람들과 자주 교류해왔다. 요즘도 나이 지긋한 어르신들과 식사를 하고 캠핑도 함께 떠나곤 한다.

그중에서도 70대 선배 파일럿들과 함께 하늘을 날 때, 다른 세대와 경험을 나누는 즐거움이 특히 크다. 사실 막내로서 어른들을 모시고 다니려면 챙길 일이 많다. 중간중간 건강 상태를 확인하고 물을 챙기고 무거운 짐이 있으면 얼른 달려가야 한다. 가끔은 번거롭기도 하고 몸도 고달프지만, 그 가운데 큰 배움이 있다.

언젠가 그분들과 실리콘밸리에서부터 멕시코 오지 마을까지 함께 비행하며 의료 물자를 전달했다. 비행하는 몇 시간 동안 나눈 대화는 그 어떤 강의보다 값진 시간이었다. 한 선배님은 이렇게 말씀하셨다.

"폴, 나이가 들수록 더 많은 사람을 도울 수 있어요. 경험이 쌓이니까 젊었을 때는 보이지 않던 것들이 보이거든요."

그 말을 듣는 순간 나는 나이 듦에 대한 두려움이 사라지면서 오히려 내일에 대한 기대감이 솟아났다. 더 많은 경험과 지혜로 세상에 기여할 수 있다는 깨달음을 얻은 것이다.

또 다른 어르신은 "60대가 되면 친구들이 하나둘 떠난다. 그때 외로움과 마주하는 법을 준비해야 한다"라고 말씀하셨다. 다른 한 분은 "손주들과 가까워지려면 그들의 세계를 배워야 한다"라며 칠십에 게임을 시작했다고 웃으셨다.

젊은 세대와의 만남도 나를 자극한다. 어느 날 커피숍에서 계산을 해주던 아르바이트생을 주차장에서 다시 보았다. 무거운 짐을 들고 있는 그를 보고 자연스럽게 다가가 도와주었고, 그 계기로 대화가 시작되었다. 그 친구는 사춘기 시절에 방황하다가 20대가 되어서야 고등학교 과정을 공부하는 중이라고 했다. 나는 그 친구에게 어떤 일을 할 때 가장 가슴이 뛰고 완전히 몰입하게 되는지 물었다.

그는 핸드메이드 커스텀 키보드를 제작하고 있었다.

"키보드 하나 만드는 데 며칠이 걸려요. 스위치와 키캡을 고객이 원하는 대로 조합해야 하거든요."

그 친구는 직접 만든 키보드 몇 개를 보여주었다. 나는 그의 설명을 듣고 그의 작업이 예술에 가까운 세계임을 알게 되었다. 이후에도 커피숍에서나 아르바이트가 끝난 후에도 우린 새로운 키보드 이야기부터 내 추천으로 시작하게 된 컴퓨터 코딩 파이썬에 관한 이야기까지 몇 시간씩 이야기를 나눴다. 그리고 인공지능 키보드에 대한 사업 아이디어까지 나누는 친구가 되었다. 나보다 훨씬 젊은 세대의 열정이 내게 새로운 시각을 열어준 것이다.

비슷한 경험은 일상에서도 이어졌다. 같은 건물에서 일하던 청소 아주머니와 처음에는 인사만 나누었다. 그러다 우연히 대화를 시작했는데 그분이 밤에는 대학원에서 사회복지를 공부하고 있다는 사실을 알게 되었다.

"저는 쉰 살에 공부를 시작했어요. 제가 겪은 어려움을 다른 사람들이 겪지 않도록 돕고 싶어서요."

나는 내 방에 있던 책 중 도움이 될 만한 책을 몇 권 골라 그분께 선물해드렸다. 그분은 눈에 눈물을 글썽이기까지 하면서 너무나 좋아하셨다. 그분의 진심 어린 기쁨을 보며 오히려 내 마음이 따뜻해졌다. 그리고 내가 선물 드린 책을 읽으시면서 궁금한 점이나 감상에 관해 만날 때마다 묻곤 하셨다. 그 시간은 우리들만의 작은 독서 토론이 되었다. 너무 감사한 순간이었다.

게다가 그분에게 생각지도 못한 질문을 받으면서 내 머릿속에서 발상의 전환이 이루어졌다. 스탠퍼드대 학생들에게서는 한 번도 받아본 적 없는 질문들이었다.

"이 이론이 맞다면 왜 현실에서는 다르게 나타날까요? 책에는 이렇게 나와 있는데, 제가 현장에서 본 것은 정반대였어요."

내게 너무나 당연했던 학문적 이론들이 삶의 현장에서 치열하게 살아온 그분의 눈으로 보니 완전히 다른 모습으로 다가왔다. 그것은 내게 학문과 현실의 간극을 다시 생각하게 만든 소중한 계기가 되었다.

모든 만남이 깊은 인연으로 이어질 필요는 없다. 짧은 대화 속에서도 번뜩이는 통찰을 발견할 수 있고 우연한 만남이 인생의 전환점이 되기도 한다. 중요한 건 열린 마음으로 사람을 대하는 자세다. 나이, 직업, 배경에 상관없이 모든 사람은 자신만의 우주를 품고 있다. 그 우주를 탐험하려는 호기심만 있다면 당신의 삶은 무한히 확장될 것이다.

공자는 "삼인행 필유아사三人行 必有我師"라고 했다. 세 사람이 함께 가면 반드시 내 스승이 있다는 뜻이다. 나이가 많건 적건, 지위가 높건 낮건 모든 사람에게는 배울 점이 있다. 중요한 건 그것을 발견하려는 열린 마음이다.

나이와 직급의 벽을 내려놓고 사람을 만날 때 우리는 서로에게 선물이 된다. 젊은 세대는 열정과 새로운 시각을 주고, 연장자는 경험에서 길어낸 지혜를 건넨다. 이런 교류가 쌓이면 인생은 훨씬 풍요로워진다. 그리고 언젠가 그 만남 속에서 당신의 운명을 바꿀 은인을 만나게 될 것이다.

아무것도 하지 않으면
아무 일도 일어나지 않는다

나는 무언가 해봐야겠다는 생각이 들면 주저하지 않고 바로 실행한다. 만약 트럼펫을 연주해보고 싶다면? 바로 유튜브에서 강습 영상을 찾아보고 가까운 중고 악기점에 들러 소리라도 내본다. 새로운 아이디어가 생기면, 일단 메모부터 해두고 믿을 만한 사람에게 전화를 걸어 의논해본다. 남미에서 하고 싶은 프로젝트가 떠오르면, 큰 계획을 세우기에 앞서 시간을 쪼개 직접 발걸음을 옮겨본다. 혼자 하기 어려운 일이라면 함께 할 수 있는 사람에게 먼저 연락한다. 중요한 것은 돈이나 규모가 아니라, 지금 당장 실행해보는 태도다.

이렇게 내가 바로바로 행동에 옮기는 이유는 생각만으로는 그 무엇도 제대로 알 수 없기 때문이다. 실제로 해보지 않고서는 그 일이 내게 맞는지, 노력을 기울일 만큼의 가치가 있는지 알 수 없다. 만일 직접 해보았는데 예상과 달라 더 지속할 이유가 없다면 그 즉시 중단하면 된다.

해보는 데 들어간 시간과 비용이 아깝지 않냐는 질문을 받곤 한다. 하지만 나는 망설이며 보내는 시간이 더 큰 손해라고 생각한다. 할까 말까 고민하는 동안, 우리는 끊임없이 정신적 에너지를 소모한다. 잠자리에 누워서도 해볼까 말까 하며 뒤척이고, 친구를 만나서도 같은 고민을 털어놓는다. 아침에 눈을 뜨면 또다시 그 생각이 떠오르고, 하루 종일 마음 한구석에 미결 사항처럼 남아 있다.

이런 상태는 생각보다 우리를 지치게 만든다. 결정하지 못한 일들이 머릿속에서 계속 맴돌며 다른 일을 방해한다. 마치 컴퓨터의 백그라운드에서 계속 돌아가는 프로그램처럼 우리의 정신적 용량을 조금씩 갉아먹는 것이다. 그 스트레스는 때로 실제로 실패했을 때의 좌절감보다 더 크다.

하지만 일단 시도해보면 답은 명확해진다. 내가 정말 이 일을 좋아하는지, 계속할 만한 가치가 있는지 몸과 마음이 즉각적으로 알려준다. 설령 실패하더라도 '아, 이건 내 길이 아니구나' 하고 깨끗이 정리할 수 있다. 가보지 않은 길에 대한 미련이나 '그때 해볼 걸' 하는 후회도 남지 않는다. 그렇게 훌훌 털고 아쉬움 없이 또 다른 일을 시도해보면 될 일이다. 그런 의미에서 실행은 내 인생의 방향을 찾아가는 가장 확실한 나침반이다. 생각의 늪에서 벗어나 실제의 세계로 나아가는 용기 있는 걸음이 모여 우리의 인생 여정을 만들어간다.

지금 당장 몸을 일으켜
무엇이라도 해보라

어릴 적 일이다. 부모님은 아침부터 저녁까지 바쁘셨고 누나와 형도 늦게까지 학교에 있었기에 집은 자주 비어 있었다. 그 무렵 나는 운동도 서툴렀고 놀이에도 큰 흥미가 없어 동네 아이들 틈에 쉽게 섞이지 못했다. 자연스럽게 혼자 집에 있는 시간이 많아졌다.

그 시절 떠오르는 장면이 있다. 어느 순간 갑자기, 이유도 없이 몇 시간씩 멍하니 앉아 있는 나 자신을 발견한 것이다. 가족 중 누군가 돌아올 때까지 그렇게 시간을 흘려보낸 날이 한둘이 아니었다. 스스로를 자각한 그 순간 그저 시간을 잡아먹고 있는 내 모습이 답답하게 느껴져 벌떡 일어섰다. 막상 뭘 해야 할지 몰랐지만 우선 부엌으로 가서 찬물을 한 잔 마셨다. 순간 정신이 맑아지고 에너지가 도는 듯했다. 대문을 열고 바깥으로 나가자 세상은 여전히 분주하게 돌아가고 있었다. 멈춰 있던 나와 다르게 말이다.

그날 이후 나는 '절대 멍하게 있지 말자'고 다짐했다. 아침에 눈을 뜬 순간부터 잠들기 전까지 의식적으로 무언가를 했다. 시간이 비면 산책하며 주변을 관찰하거나 책을 읽었다. 이런 습관은 몸에 배어 이제는 멍하니 있는 것이 너무 낯설다.

물론 지금처럼 빠르게 돌아가는 세상에 그저 멍하니 시간만 죽이는 사람은 별로 없을 것이다. 다들 틈만 나면 스마트폰을 꺼내 이것저것 살펴본다. 그러나 그것 역시 삶을 능동적으로 살아가는 게 아니라 또 다른 형태의 '무위無爲'일 뿐이다. 스크롤하는 동안에도 시간은 쏜살같이 지나간다. 다시 돌아오지 않을 소중한 시간을 그렇게 흘려보내는 것이다. 그렇게 하기에는 우리 안에 있는 가능성이 너무 아깝지 않은가?

움직이지 않으면 계속 머물고 싶어진다. 그러니 지금 당장 몸을 일으켜라. 할 일이 떠오르지 않는다면 냉장고에서 시원한 물이라도 꺼내 한 잔 마셔라. 아니면 주변을 둘러보자. 책상 위 먼지, 어질러진 옷가지, 정리되지 않은 서류들이 눈에 들어올 것이다. 청소를 시작해보라. 귀찮아도 손을 움직이는 순간 변화가 일어난다. 책상을 닦다가 잃어버렸던 펜을 발견하거나 서류를 정리하다 미뤄두었던 중요한 일을 떠올릴 수도 있다. 무엇보다 정리된 공간은 머릿속까지 맑게 만든다.

아직 발현되지 않은 가능성이 당신 안에 있다. 그것을 깨우는 방법은 단순하다. 무엇이든 해보는 것이다. 아무것도 하지 않으면, 아무 일도 일어나지 않는다.

오늘도, 지금 이 순간에도 시간은 흐른다. 멈춰 있을 것인가, 함께 흐를 것인가? 선택은 당신의 몫이다.

실행하지 않으면
실패는 없지만 성공도 없다

머릿속에 떠오른 아이디어를 실제로 행동으로 옮기는 사람은 얼마나 될까? 대부분은 '말도 안 돼', '불가능해'라며 생각으로만 끝을 맺는다. 그러나 세상에는 그 불가능을 현실로 바꾸어낸 사람들이 있다.

캐나다의 청년 카일 맥도널드는 작가를 꿈꿨지만 1년째 무직으로 지내고 있었다. 하루는 책상 위에 놓인 빨간 클립 하나를 바라보다 엉뚱한 상상을 했다.

"이걸로 계속 물물교환을 하면 집을 얻을 수 있지 않을까?"

누구나 비웃을 생각이었다. 그러나 카일은 바로 실천에 옮겼다. 빨간 클립은 물고기 모양 볼펜으로, 볼펜은 문손잡이로, 또 그것은 캠핑용 스토브와 발전기, 네온사인으로 이어졌다. 1년 6개월 동안 열네 번의 교환이 이어졌고, 마침내 그는 할리우드 영화 출연권을 캐나다 서스캐처원주의 2층 주택과 바꿨다.

2020년 샌프란시스코의 데미 스키퍼 역시 비슷한 도전을 했다. 머리핀 하나로 시작해 스물여덟 번을 교환한 끝에 내슈빌의 집을 얻은 것이다. 두 사람이 공통적으로 가졌던 것은 치밀한 계획이나 특별한 전략이 아니었다. 단 하나, 일단 해보자는 실행력이었다.

얼마 전 나는 전라도의 작은 섬 금오도에서 또 다른 이야기를 만났다. 토종 돌고래가 여전히 바다를 오가는 고요한 섬마을에서 한 학생을 만난 것이다. 그의 꿈은 파일럿이었다. 그러나 현실은 녹록지 않았다. 성적이 부족해 항공대학이나 공군사관학교에 진학하기는 사실상 어려웠다. 대부분 아이들이 이쯤에서 꿈을 접었을 것이다. 하지만 그 학생은 멈추지 않았다.

그는 내게 다가와 진지하게 물었다.

"방법이 정말 없을까요? 제가 지금부터 할 수 있는 건 무엇일까요? 외국에는 대학이 아니더라도 배울 수 있는 기관이 있다던데, 저도 도전할 수 있을까요?"

나는 그의 눈빛에서 간절함을 발견했다. 그래서 미국의 비행 훈련 기관에서 조종 과정을 밟는 길을 알려주었고, 항공 관제 영어를 듣는 연습부터 시작해보라고 조언해주었다. 영어로 자기소개조차 서툴게 하던 학생은 곧바로 대답했다.

"네, 오늘부터 바로 듣겠습니다. 처음에는 잘 몰라도 계속 듣다 보면 언젠가는 알아들을 수 있겠죠. 잠잘 때도 틀어놓을 거예요."

그날 이후 그는 실제로 교신을 듣기 시작했다. 알아듣는 말은 거의 없었지만 포기하지 않고 귀를 기울였다. 내가 금오도를 떠나는 날까지도 그는 틈만 나면 찾아와 비행에 대해 묻고 또 물었다. 그 성실한 열정에 감동한 나는 내가 아는 항공대학교 교수, 현직 기장, 파일럿 친구들을 소개해주었다. 만약 그가 "저는 영어를 못하는데 어떻게 해요"라며 포기했더라면, 이런 인연은 결코 시작되지 않았을 것이다. 부족함을 안고서도 도전했기에 새로운 길이 열렸고 조력자들을 만날 수 있었다.

그는 금오도의 바닷마을에서 살아가는 평범한 학생이다. 영어는 여전히 서툴고 갈 길은 멀다. 그러나 중요한 건 조건이 아니라 태도다. 그는 완벽하지 않아도 일단 시작했고 그 작은 걸음이 이미 꿈을 향한 여정을 열어가고 있었다.

우리는 종종 생각의 감옥에 갇힌다.

'이건 불가능해', '실패하면 어쩌지', '아직 준비가 부족해'.

그러나 실제로 해보기 전에는 그것이 정말 불가능한지 알 수 없다. 카일이 빨간 클립으로 집을 구하겠다고 했을 때 누가 믿었겠는가? 데미가 머리핀으로 교환을 시작했을 때 누가 가능성을 보았겠는가? 금오도의 소년이 "해외 항공사 파일럿이 되겠다"라고 말했을 때 누가 그것이 현실이 될 거라 상상했겠는가?

실패를 두려워하는 사람이 많다. 나 역시 그 두려움을 안다. 그러나 내 경험상 실패하는 것이 아무것도 하지 않는 것보다 훨씬 낫다. 실패는 배움이 되고 다음 기회에 더 나은 방법을 찾게 한다. 그러나 아무것도 하지 않으면 1년 후에도 같은 자리에서 같은 고민만 되풀이할 뿐이다.

아마 당신의 마음속에도 '말도 안 되는' 아이디어 하나쯤은 있을 것이다. 그것을 꺼내보라. 완벽하지 않아도 괜찮다. 그 사소한 시작이 언젠가 놀라운 변화를 불러올지도 모른다.

괴테는 말했다.

"행동으로 연결되지 않는 생각은 질병이다."

아무리 빛나는 아이디어라도 실행하지 않으면 무용지물이다. 생각만 하면 실패할 일은 없다. 그러나 성공할 일도 없다. 많은 사람이 '언젠가는'을 말하며 꿈을 뒤로 미룬다. 하지만 그 언젠가는 결코 오지 않는다. 우리가 맞는 현실은 언제나 '오늘'뿐이다.

그러니 지금 당장 시작하라. 우스꽝스러워 보여도 상관없다. 카일의 빨간 클립처럼, 데미의 머리핀처럼, 금오도의 바닷마을 소년이 듣기 시작한 영어 항공 교신처럼, 그 작은 시작이 어디로 이어질지는 아무도 모른다. 그러나 한 가지 분명한 사실은 있다. 실행하지 않으면 실패도 없지만 성공 또한 없다.

6장

긍휼한 마음으로
우리는 서로 연결된다

세계시민의식
Global Citizenship

진정한 세계시민의식은 바로 여기서 시작된다. 내가 누리는 것을 '당연한 권리'가 아닌 '감사한 기회'로 인식하는 것. 그리고 그 인식이 우리의 시야를 넓히고 타인의 삶을 이해하며 더 나은 세상을 만들고자 하는 열망으로 이어진다. 인간에게 '연결'만큼 강력한 능력은 없다. 아무리 뛰어난 사람도 혼자 있을 때보다 함께할 때 더 위대한 일들을 해낸다. 최선을 다해 노력해도 혼자서는 다 이뤄낼 수 없는 영역이 분명히 있다는 사실을 겸허히 받아들이자. 사람과 사람, 꿈과 꿈이 연결되어 놀라운 일들이 벌어질 것이다.

21세기의 필수 교양,
세계시민의식

　미국에서는 가벼운 인사말이 일상을 따뜻하게 채운다. 어깨가 스치기만 해도 "익스큐즈 미Excuse me"라고 사과하고, 낯선 사람이 기침을 하면 "블레스 유Bless you"라며 안부를 건넨다. 그중에서도 가장 흔한 말은 단연 "땡큐Thank you"다. 커피 한 잔을 건네받을 때도, 문을 열어줄 때도, 심지어 거스름돈을 받을 때도 고맙다고 말한다.
　처음엔 이런 일상적인 감사 표현이 그저 문화적 관습처럼 보였다. 하지만 스탠퍼드대에서 만난 한 학생을 통해 나는 감사가 삶을 바라보는 태도가 될 수 있음을 배웠다.
　리지는 내가 스탠퍼드대에 재직하던 시절 만난 학생으로, 이제 토론토대학교 교수가 되었다. 지금으로부터 약 20년 전 그녀와 나는 개발도상국 교육 프로젝트를 함께 진행하며 많은 대화를 나누었다. 그런데 그녀에게는 특별한 점이 있었다. 다른 학생들보다 유독 "고맙습니다"라는 말을 자주 했는데, 그 인사가 남달랐다. 기계적으로 내뱉는 말이 아니라 매번 진심이 느껴졌다.

어느 날 나는 호기심을 참지 못하고 물었다.

"리지, 넌 왜 그렇게 항상 진심으로 고맙다고 해? 네가 '땡큐'라고 할 때마다 마음이 따뜻해지거든."

그녀는 잠시 멈춰 서서 조용히 대답했다.

"어릴 때 부모님을 따라 아프리카의 한 마을에 간 적이 있어요. 그곳 아이들은 깨끗한 물을 마시려면 몇 킬로미터를 걸어야 했고, 학교 공부는 꿈도 꿀 수 없었죠. 밤이 되면 전기가 없어 캄캄했고, 병에 걸려도 병원이 멀어서 치료받기 어려웠어요."

그녀는 잠시 숨을 고르고 이어갔다.

"그런데 저는 단지 미국에서 태어났다는 이유만으로 항상 깨끗한 물을 마시고, 당연하게 학교에 다니고, 아플 때 바로 병원에 갈 수 있잖아요. 그때 깨달았어요. 제가 누리는 모든 것이 사실은 엄청난 특권이라는 걸요."

리지는 평범한 중산층 가정에서 자랐다. 하지만 어린 시절의 그 경험은 그녀가 세상을 바라보는 방식을 완전히 바꾸어놓았다. 만약 그때 다른 세계를 보지 못했다면 아마 자신의 환경을 세상의 전부라 여기며 다른 보통 사람들처럼 더 많이 갖기 위해, 더 높이 오르기 위해 달렸을지도 모른다.

그녀는 이렇게 말했다.

"그 경험 이후로 제 삶의 기준이 달라졌어요. 시험 기간에 스트레스를 받을 때도, 과제가 많아 힘들 때도, 내가 이렇게 좋은 교육을 받을 수 있다는 것이 얼마나 큰 행운인지를 생각하면 불평이 감사로 바뀌더라고요. 물론 여전히 힘든 순간들이 있지만 그 힘듦조차 특권이라는 걸 잊지 않으려고 해요."

리지의 이야기는 내게도 큰 울림을 주었다. 우리가 일상에서 느끼는 불만과 스트레스의 대부분이 사실은 배부른 고민일 수 있다는 생각이 들었다. 어떤 대학원에 갈까 고민하는 것도, 어떤 직업을 선택할까 고민하는 것도, 심지어 뭘 먹을까 고민하는 것조차 선택할 수 있는 자유가 있기에 가능하다는 걸 깨달았다.

진정한 세계시민의식은 바로 여기서 시작된다. 내가 누리는 것을 '당연한 권리'가 아닌 '감사한 기회'로 인식하는 것. 그리고 그 인식이 우리의 시야를 넓히고 타인의 삶을 이해하며 더 나은 세상을 만들고자 하는 열망으로 이어진다.

세계시민의식이란 거창한 이념이나 구호가 아니다. 그것은 매일의 작은 감사에서 시작된다. 아침에 일어나 따뜻한 물로 샤워할 수 있음에 감사하고, 배고플 때 먹을 것이 있음에 감사하며, 배우고 싶을 때 책과 인터넷이 있음에 감사하는 것. 이런 일상적인 감사가 쌓이면 자연스럽게 질문이 떠오른다.

'왜 누군가는 이것을 누리고, 누군가는 누리지 못할까? 이 불평등을 어떻게 줄일 수 있을까?'

어린 시절의 작은 경험이 리지의 삶 전체를 바꿨듯이 우리도 시각을 조금만 바꾸면 완전히 다른 세상을 볼 수 있다. 불만스럽던 일상이 감사의 대상이 되고, 당연하게 여기던 것들이 소중한 선물로 다가온다. 그리고 그 깨달음은 자연스럽게 더 나은 세상을 만들고자 하는 책임감으로 이어진다.

오늘 하루 당신이 당연하게 여기는 것 중 하나를 골라 진심으로 감사해보자. 그리고 그것을 누리지 못하는 이들을 떠올려보자. 그 작은 성찰이 당신을 진정한 세계시민으로 거듭나게 하는 첫걸음이 될 것이다.

우리가 마시는 커피 한 잔은
지구 반대편 누군가의 삶과 무관하지 않다

우리는 지금 누리는 것들을 당연하게 여긴다. 아침에 일어나 따뜻한 물로 샤워하고, 시원한 에어컨 바람을 쐬며, 원할 때 마트에서 필요한 것을 사는 일상. 이 모든 것이 특별한 행운임을 잊고 산다.

하지만 지구촌 곳곳에는 전혀 다른 현실이 존재한다. 전기가 들어오지 않는 마을, 식수조차 구하기 어려운 지역, 기본적인 의료 서비스조차 받을 수 없는 곳들. 영화나 드라마 속 이야기가 아니다. 같은 시대 같은 지구에서 실제로 일어나는 일이다.

이런 격차에 대해 죄책감을 가질 필요는 없다. 중요한 건 이 현실을 직시하는 것과 우리 모두가 연결되어 있음을 이해하는 것이다. 전 세계를 다니며 교육 관련 강의를 할 때마다 받는 질문이 있다.

"글로벌 인재의 조건이 무엇인가요?"

나는 늘 세계시민의식을 첫 번째로 꼽는다. 뛰어난 어학 실력이나 화려한 스펙보다 더 중요한 것은 지구촌을 하나의 공동체로 바라보는 시각이다. 세계시민의식이란 국경과 인종, 문화의 차이를 넘어 모든 인류를 이웃으로 받아들이는 마음이다. 서로 다른 환경에서 살아가는 사람들의 삶을 이해하고 공감하며 함께 더 나은 미래를 만들어가고자 하는 태도다.

이를 단순히 내가 가진 것을 어려운 사람에게 베푸는 동정심과 혼동해서는 곤란하다. 진정한 세계시민의식은 그러한 일방적 관계를 넘어 우리가 하나의 생태계 안에서 서로 영향을 주고받으며 살아간다는 것을 인식하는 것이다. 쉽게 말해 내가 사용하는 제품이 어떻게 만들어지는지, 내 선택이 어떤 영향을 미치는지 생각해보는 것부터 시작된다.

우리가 매일 마시는 커피 한 잔만 봐도 그렇다. 이 향긋한 커피가 우리 손에 오기까지는 수많은 사람의 노동이 필요하다. 지구 저편의 커피밭에서 농부들이 재배하고, 가공하고, 운송하는 과정까지 이 모든 연결고리를 떠올리면 평범한 커피 한 잔도 특별해진다.

스마트폰은 더욱 복잡한 이해관계를 담고 있다. 아프리카나 중국

산골에서 채굴된 희귀 광물, 아시아 여러 나라에서 만들어진 부품들, 각국의 엔지니어들이 개발한 기술 등 손바닥만 한 기기 하나에 전 세계가 들어있다.

세계시민의식을 가진다는 건 이런 연결성을 인식하고 지속가능한 방식으로 공존하기 위해 노력하는 것이다. 환경을 생각한 선택을 하고, 공정한 거래를 지지하며, 다양성을 존중하는 것. 이런 작은 실천들이 모여 큰 변화를 만든다.

더 나아가 각자의 재능과 전문성을 살려 글로벌 문제 해결에 더 적극적으로 기여할 수도 있다. 의료인은 의료 접근성 향상을 위해, 교육자는 교육 격차 해소를 위해, 기업가는 사회적 가치 창출을 위해 노력할 수 있다. 각자의 자리에서 할 수 있는 일은 무궁무진하다.

무엇보다 세계시민의식은 희망을 품게 한다. 서로 다른 환경에 있는 사람들이 함께 문제를 해결하고 더 나은 미래를 만들어갈 수 있다는 가능성과 개인의 작은 선택이 모여 큰 변화를 이룰 수 있다는 믿음이 우리를 더 적극적인 참여자로 만든다.

지구는 점점 더 긴밀하게 연결되고 있다. 한 지역의 문제가 순식간에 전 세계에 영향을 미치는 시대다. 기후변화, 팬데믹, 경제 위기가 이를 명확히 보여준다. 이런 시대에 세계시민의식은 선택이 아닌 생존의 문제다.

오늘 사소한 것부터 시작해보면 어떨까? 다른 나라의 소식에 관심을 갖고, 내 선택이 미치는 영향을 생각해보며, 가능한 범위에서 긍정적인 변화에 동참하는 것이면 충분하다.

우리는 모두 지구라는 하나의 마을에 사는 이웃이다. 내가 마시는 커피 한 잔, 사용하는 스마트폰 하나에도 수많은 삶이 연결되어 있다. 이 사실을 인식하고 책임감 있게 행동할 때, 우리는 진정한 세계시민이 될 수 있다.

세계시민의 첫걸음,
내 기준이 아닌 그들의 눈으로 보기

"선생님, 종이에 구멍이 나요!"

부룬디의 한 학교에서 들은 이 말이 아직도 귓가에 맴돈다. 1001 스토리 프로젝트를 진행하며 아프리카를 방문했을 때의 일이다. 르완다를 거쳐 부룬디에 도착한 나는 자신만만하게 아이들과 스토리텔링 워크숍을 준비했다. 종이도 챙겼고 연필도 넉넉히 준비했다. 빈틈이 없다고 생각했다.

하지만 교실에 들어서자마자 나는 할 말을 잃었다. 책상이 없었던 것이다. 아이들은 맨바닥에 앉아 무릎 위에 종이를 올려놓고 글을 쓰려 했다. 땅에 엎드려 쓰는 아이도 있었는데 울퉁불퉁한 바닥 때문에 연필이 종이를 뚫고 지나갔다. 아이들은 구멍 난 종이를 들고도 웃으며 어떻게든 글을 쓰려고 애썼다.

당연하게 여긴 책상이 그곳에는 없었다. 종이와 연필만 있으면 될 거라는 내 생각은 철저히 내 기준이었다.

며칠 후, 나는 또 한 번 내 편견을 확인했다. 워크숍을 마치고 아이들에게 간식을 사주고 싶었다. 달콤한 과자나 사탕을 주면 아이들이 좋아할 것 같았다. 하지만 문득 눈에 들어온 건 아이들의 썩은 치아였다. 그 마을에는 칫솔과 치약이 귀했다. 대부분의 아이가 제대로 양치를 할 수 없는 환경이었다. 내가 주려던 달콤한 간식이 오히려 그들에게는 해가 될 수 있다는 걸 그제야 깨달았다. 여전히 나는 내 기준으로만 생각하고 있었던 것이다.

컴퓨터공학을 전공한 교육공학자인 나는 늘 기술이 해답이라고 믿었다. 하지만 현실은 달랐다. 최신 기술보다 책상이 필요한 곳도 있고, 달콤한 간식보다 칫솔이 절실한 아이들도 있었다. 이런 경험 하나하나가 내겐 큰 배움이 되었다.

세계시민이 된다는 건 바로 이런 것이다. 내가 사는 환경의 기준을 버리고, 그들의 실제 삶을 있는 그대로 보려고 노력하는 것. "내가 너희에게 필요한 걸 알아"라고 단언하는 게 아니라 "너희에게 진짜 필요한 게 뭐니?"라고 관심을 갖고 먼저 물어보는 것.

그 후로 나는 어떤 프로젝트를 시작하기 전에 반드시 스스로에게 묻는다.

'이것은 정말 그들이 원하는 것인가, 아니면 내가 주고 싶은 것인가? 내 방식이 아닌, 그들의 방식으로 함께 하려면 어떻게 해야 하

는가?'

이런 자세는 꼭 해외 봉사활동에서만 필요한 것이 아니다. 우리 주변의 다문화 가정, 이주 노동자, 소외 계층을 대할 때도 마찬가지다. 우리는 너무 쉽게 그들에게 필요한 것을 안다고 착각한다. 하지만 진정한 도움은 먼저 그들의 눈으로 보려는 노력에서 시작된다.

세상을 바꾸는 건 거창한 계획이 아니라 이러한 시선의 변화에서 시작된다. 내 눈이 아닌 네 눈으로, 내 기준이 아닌 네 기준으로 볼 때 우리는 서로를 이해하는 진짜 이웃이 된다. 그리고 그 작은 변화가 모여 더 나은 세상을 만든다. 이것이 우리 모두가 걸어갈 수 있는 세계시민의 길이다.

타인을 향한 긍휼한 마음이
세상을 바꾼다

강연이 끝날 때마다 비슷한 질문을 받는다.

"교수님, 그런 일은 교수님처럼 여유가 있는 분들이나 할 수 있는 거 아닌가요? 저희 같은 평범한 사람들은 당장 먹고살기도 바쁜데요."

이런 반응을 들을 때마다 세계시민으로 산다는 게 무슨 거창한 희생을 요구하는 것처럼 여겨지는 현실이 안타깝다. 1년 내내 봉사 활동만 해야 하고 맛있는 것도 포기하고 기부금을 내야 한다고 생각하는 것 같다.

하지만 내가 부룬디에서 배운 것은 그런 것이 아니다. 세상을 바꾸는 건 거창한 프로젝트가 아니라 시선의 변화에서 시작된다. 실제로 내가 경험한 가장 의미 있는 순간들은 대부분 우연히 시작되었다. 잠깐 들른 학교에서 만난 아이와의 대화가 새로운 프로젝트로 이어지고, 지나가다 본 풍경이 문제 해결의 실마리가 되기도 했다. 별것 아닌 것 같았던 작은 행동이 예상치 못한 파장을 일으켰다.

한 학생이 이런 이야기를 들려줬다. 동네 다문화센터에서 한국어를 가르치기 시작했는데 처음엔 일주일에 한 시간으로 뭐가 되겠나 싶었다고 한다. 그런데 몇 달 후 한 학생이 한국어를 배운 덕분에 운전면허시험에 합격했다며, 그 면허증으로 더 나은 일자리를 구할 수 있게 되었다고 눈물을 흘리며 감사해했다.

"그때 깨달았어요. 제가 할애한 건 고작 일주일에 한 시간이었는데, 그 사람에게는 그것이 인생을 바꾸는 기회였다는 걸요."

우리는 자신이 가진 것의 가치를 너무 낮게 평가한다. 내가 당연하게 아는 것이 누군가에게는 간절히 필요한 지식일 수 있다. 내가 쓰는 사소한 시간이 누군가의 큰 희망이 될 수 있다.

긍휼한 마음, 즉 타인의 아픔에 공감하고 함께하려는 마음은 특별한 사람들의 전유물이 아니다. 우리 모두가 가진 인간의 본성이다. 다만 바쁜 일상에 치여 잠시 잊고 있을 뿐이다.

중요한 건 완벽하게 준비된 후에 시작하는 게 아니라 지금 있는 자리에서 할 수 있는 일부터 하는 것이다. 거대한 계획보다는 진심 어린 관심이, 큰돈보다는 따뜻한 시선이 필요할 때가 더 많다.

세계시민의식을 갖고 자신의 재능과 시간을 나누며 살 때 세상이 더 나아질 뿐 아니라 우리의 삶도 더 풍요로워진다. 어느 날 문득 깨닫게 될 것이다. 더 많이 가지는 것이 아니라 더 많이 나누는 것이, 더 높이 올라가는 것이 아니라 더 많이 연결되는 것이 진정한 성공이라는 것을.

평범한 인도 청년의 삶을 바꾼 100달러 한 장의 나비효과

교육 프로젝트를 위해 인도를 방문했을 때의 일이다. 교육 사각지대인 빈민가에서 프로젝트를 시작하려던 나는 놀라운 사람을 만났다. 차락이라는 이름의 현지 청년이었다.

차락은 인도의 중하층 계급 출신으로 넉넉하지 못한 형편이었지만, 매주 그 지역 아이들을 모아 공부를 가르치고 있었다. 막 도착한 우리에게 지역 사정을 설명해주고 아이들과의 만남을 주선해주는 그의 모습이 인상적이었다.

어느 날 그에게 물었다.

"차락, 왜 이 일을 하는 거예요?"

그는 확신에 찬 목소리로 말했다.

"저는 교육이 인생을 바꿀 수 있다고 믿어요. 저도 이 아이들도 교육을 통해 다른 삶을 살 수 있을 거예요. 언젠가 컴퓨터를 제대로 배워서 이 아이들에게 기술을 가르치고 더 나은 일자리를 갖게 해주고 싶어요."

진심이 느껴졌다. 뭐라도 도와주고 싶었지만, 내가 가진 건 어린이용 교육 자료뿐이었다. 급한 마음에 지갑에서 100달러 지폐를 꺼내 명함과 함께 그에게 건넸다. 당시 내가 가진 현금이 그게 전부였다.

"당신의 꿈을 응원해요. 도움이 필요하면 언제든 연락하세요."

시간은 빠르게 흘렀고, 나는 일상에 묻혀 그 일을 거의 잊고 있었다.

12년 후 낯익은 이름의 이메일이 도착했다. 차락이었다. 미국에 와 있으니 만나고 싶다는 메시지였다. 그는 실리콘밸리에서 내게 식사를 대접하고 싶다고 했다.

레스토랑에서 만난 차락은 완전히 달라져 있었다. 깔끔한 정장 차림의 그가 건넨 명함에는 '맥킨지앤컴퍼니'라는 이름이 적혀 있었다. 세계 최고의 컨설팅 회사에서 일하고 있다는 것이었다. 식사가 끝날 무렵, 차락이 지갑에서 무언가를 꺼냈다. 다름 아닌 낡고 해진 100달러 지폐였다.

"선생님, 이거 기억하시나요?"

나는 말문이 막혔다. 12년 전 그 지폐를 아직도 가지고 있다니.

"이게 제 나침반이었어요. 힘들 때마다 이걸 보며 초심을 잊지 않으려 했습니다. 고향 아이들에게 교육의 기회를 주겠다는 그 마음을요. 이제 저도 누군가에게 이런 희망을 줄 수 있는 사람이 되었어요."

그는 이미 인도에 작은 교육센터를 설립해 운영하고 있다고 했다.

자신이 받은 것을 다시 나누고 있었던 것이다.

우리는 종종 자신의 작은 행동이 무의미하다고 생각한다. 세상은 너무 크고, 우리가 할 수 있는 일은 너무 작아 보인다. 하지만 차락의 이야기는 다른 가능성을 보여준다. 기억조차 나지 않는 내 작은 선의가 누군가에게는 인생의 전환점이 될 수 있다.

내겐 그저 가진 돈 전부를 건넨 작은 순간이었지만, 그에게는 평생을 함께한 나침반이 되었다. 차락은 말했다. 100달러가 중요했던 게 아니라 누군가 자신의 꿈을 믿어주었다는 사실이 그를 여기까지 오게 한 힘이었다고. 나는 그 말을 들으며 정말 가슴 깊이 감사했다. 내 소박한 마음을 큰 의미로 바꾸어낸 그의 귀한 삶 덕분이었다.

나비의 날갯짓이 태풍을 일으킨다는 말처럼, 우리의 작은 선의도 예상치 못한 변화를 만들어낸다. 다만 우리가 그 결과를 바로 볼 수 없을 뿐이다. 중요한 건 결과를 미리 재단하지 않는 것이다. 그저 할 수 있는 일을 하는 것. 진심을 담아 손을 내미는 것. 그것이 어떤 씨앗이 되어 어디서 꽃필지는 시간이 알려줄 것이다.

차락과 헤어지며 생각했다. 우리 모두는 누군가의 차락이 될 수 있고 또 누군가에게는 100달러 지폐 같은 희망을 건넬 수 있다. 작아 보이는 오늘의 선택이 누군가의 내일을 틔우는 작은 씨앗이 될 수 있다. 그것이야말로 긍휼한 마음으로 함께 살아가는 또 하나의 길이 아닐까?

우리가 하는 모든 시도는
성공 전까지 불가능하다는 말을 듣는다

때론 확신과 기대 대신 불안과 불확실성 속에서 시작한 일들이 엄청난 파장을 일으킨다. 나는 그런 경험을 거듭해왔다.

2012년에 나는 조금 무모한 꿈을 품었다. 국경과 학력, 경제력도 상관없이 누구나 들을 수 있는 온라인 공개 강좌인 '새로운 교육환경 디자인'이라는 주제의 MOOC 수업을 열 계획이었다.

스탠퍼드대 온라인수업지원팀에 처음 이 아이디어를 제안했을 때 돌아온 반응은 차가웠다.

"대상이 너무 막연합니다. 온라인으로 제대로 된 교육이 가능할까요? 그저 스탠퍼드대 수료증만 노리는 사람들만 몰릴 겁니다."

한마디로 실패가 뻔하다는 얘기였다.

하지만 포기할 수 없었다. 어딘가에 이런 수업을 간절히 기다리는 사람이 있을 거라는 믿음 하나로 밀고 나갔다. 우려 속에서도 수업을 개설했고 수강 인원 제한 없이 문을 열었다.

그러자 놀라운 일이 일어났다. 파키스탄의 라호르에서, 탄자니아의 잔지바르에서, 난생처음 들어보는 도시들에서 수강 신청이 쇄도했다. 마감일에 집계된 숫자는 나조차 믿기 어려웠다. 무려 170여 개국에서 2만여 명이 신청한 것이다.

수강생이 너무 많아 팀별로 나누어 프로젝트를 진행했다. 그 과정에서 믿기지 않는 놀라운 일들이 연이어 펼쳐졌다. 일례로, 한국의 중학생과 독일의 대학교수가 한 팀이 되었는데 그 팀을 이끈 건 한국의 중학생이었다. MOOC라는 공간에서는 나이도, 직함도, 사회적 지위도 의미가 없었다. 오직 아이디어의 참신함과 배움에 대한 열정만이 인정받았다. 그것이 내가 꿈꾸던 진정한 교육의 모습이었다.

하버드 학생들은 보스턴의 카페에서, 파키스탄 학생들은 이슬라마바드의 찻집에서 자발적으로 모여 프로젝트를 진행했다. 세계 곳곳에서 200명 이상이 이 수업의 조교를 자원했고, 그중 선발된 20명이 나를 도와 전체 수업의 진행을 주도했다.

경계는 계속 희미해졌다. 중국 학생들이 인터넷 제한을 우회해 강의를 번역했고 인터넷이 느린 지역을 위해 저용량 버전을 만드는 이들도 나타났다. 아랍어, 스페인어, 힌디어 등 각국의 언어로 강의가 번역되어 퍼져나갔다.

나는 그저 작은 문을 열었을 뿐인데 수만 명이 그 문으로 들어와 거대한 배움의 공간을 만들어냈다. 불가능하다고 말했던 스탠퍼드대 교직원들은 물론이고 심지어 나조차도 상상하지 못했던 광경이었다. 이 경험은 내게 깊은 울림을 남겼다.

우리는 시작도 하기 전에 자주 포기한다. '안 될 거야', '불가능해', '현실적이지 않아'라는 말들에 갇혀 시도조차 하지 않는다. 하지만 진정한 불가능은 시도하지 않는 것이다. 내가 한 일은 그저 믿음을 갖고 문을 연 것뿐이었다. 그런데 그 작은 시작이 전 세계 2만 명의 학습 공동체를 탄생시켰다. 파키스탄의 누군가는 그 수업을 계기로 자신의 마을에 작은 학교를 세웠고, 케냐의 한 학교 교사는 새로운 질문 중심의 학습 방법을 도입했다고 전했다.

중요한 건 완벽한 계획이 아니라 시작하는 용기다. 실패할 수도 있다. 아니, 대부분은 실패할 것이다. 하지만 불가능하다는 말을 한 번 더 들을 때마다 우리는 한 걸음 더 나아간 것이다. 시도하지 않았다면 결코 알 수 없었을 가능성을 탐험한 것이다. 그 자체로 우리는 이미 어제와는 다른 사람이 된다.

오늘도 누군가는 불가능하다는 말을 듣고 있을 것이다. 그들에게 전하고 싶다. 모든 위대한 변화는 불가능하다는 말에서 시작되었다고. 그리고 그 불가능에 도전하는 건 그저 한 걸음을 내디디는 평범한 용기라고. 오늘 당신의 시작을 응원한다.

인류학자 마거릿 미드는 이렇게 말했다.

"사려 깊은 작은 시민 몇 명이 세상을 바꿀 수 있다는 것을 의심하지 말라. 그것이 세상을 바꾼 유일한 방법이다."

인공지능시대에 세계시민으로서 갖춰야 할 6C

얼마 전 한 학생이 찾아와 물었다.

"교수님, 챗GPT가 에세이도 쓰고 코딩도 하는데 저는 뭘 배워야 하나요?"

학생의 불안한 눈빛이 아직도 마음에 남아 있다.

이제 인공지능이 음악을 작곡하고 대본을 따라 영상을 만든다. 건강검진의 결과를 내주고 복잡한 코딩도 대신한다. 사람의 손길로만 가능하다고 여겨지던 영역들이 하나둘 인공지능의 몫이 되었다. 편리함은 늘었지만 동시에 묘한 두려움이 따라온다. '그렇다면 나는 무엇으로 나 자신을 증명할 수 있을까?'라는 질문이 우리 앞에 놓여 있다.

인공지능은 우리가 일하고 배우고 서로 관계 맺는 방식을 근본부터 흔들고 있다. 변화의 속도는 너무 빠르고, 그 속에서 우리는 이렇게 묻게 된다. 앞으로 나는 무엇을 준비해야 할까?

나는 그런 질문을 들을 때마다 앞에서 이야기한 몇몇 장면을 떠올린다. 부룬디에서 무릎을 꿇고 구멍 난 종이에 글을 쓰던 아이들, 차락이 12년 동안 간직했던 낡은 100달러 지폐 그리고 불가능하다는 말에도 2만 명의 배움터로 확장된 MOOC 수업. 거기에는 공통점이 있다. 인공지능이 아무리 발전해도 대신할 수 없는 것들, 바로 하려는 의지와 배움에 대한 갈망이다. 글을 쓰고자 하는 마음, 함께 배우고자 하는 열정, 그 과정에서 생겨나는 연결의 힘. 이는 어떤 알고리즘도 대신할 수 없는 인간만이 지닌 마음의 힘이었다.

나는 이와 같은 역량을 미래사회에서 더더욱 필요한 여섯 가지 힘, '6C'라고 부른다. 이미 교육 현장에서는 오래전부터 4C(창의력 Creativity, 비판적 사고 Critical Thinking, 소통 Communication, 협업 Collaboration)가 강조되어 왔다. 창의력은 세상을 새롭게 보게 하고, 비판적 사고는 왜 그런가를 묻게 한다. 소통은 서로의 생각을 이어주며, 협업은 혼자서는 갈 수 없는 길을 함께 가게 한다.

여기에 이어, 다섯째는 책임감 Commitment이다. 목표를 향해 꾸준히 나아가고 자발적 의지로 행동하는 태도다. 이는 개인의 성장을 넘어 공동의 프로젝트를 완수하고 서로 간의 신뢰를 쌓는 데 꼭 필요한 기반이 된다.

그리고 마지막은 긍휼 Compassion이다. 긍휼은 단순한 연민이 아니라, 타인의 처지를 깊이 이해하고 그 고통을 함께 나누는 마음이다.

인도의 빈민가에서 만난 차락이 내가 건넨 100달러 지폐를 12년 동안 간직하며 살아온 건 '누군가 내 꿈을 지지해주었다'는 긍휼의 기억 때문이었다. 그리고 지금 그는 자신의 고향 아이들에게 그 긍휼한 기억의 씨앗을 심고 있다. 작은 믿음이 이어져 또 다른 생명을 일으키는 이 파동은 인간만이 만들어낼 수 있는 기적이다.

오늘날 인공지능은 인간의 많은 역할을 대신한다. 그러나 인공지능이 결코 대체할 수 없는 것이 있다. '누군가 내 마음을 알아주는' 경험을 선사하는 것과 그 경험으로 또 다른 사람을 움직이게 하는 것이다. 기술이 정교해질수록 오히려 사람과 사람 사이의 연결, 도덕적 책임감, 긍휼은 더 절실해진다. 긍휼은 기술 중심 사회에서 인간성을 지켜내고 지속 가능한 미래를 빚어내는 가장 근본적인 힘이 된다.

나 또한 이러한 마음을 중심에 두고 세계 곳곳에서 교육 프로젝트를 이어가고 있다. 오지에서 아이들과 함께 글을 쓰고 개발도상국의 청년들과 창업 프로젝트를 추진하는 것도 긍휼의 마음으로 오늘 내가 할 수 있는 것을 실천하려는 작은 발걸음이었다. 긍휼이 없다면 지구 반대편 어린이를 위해 애쓸 이유도, 인류 전체의 내일을 꿈꿀 용기도 생겨나지 않았을 것이다.

생각해보면 6C는 거창한 게 아니다. 누군가의 이야기를 끝까지 들어주는 것, 당연한 것을 '정말 그럴까?' 되묻는 것, 새로운 길을 상상하는 것, 혼자 힘들어하지 않고 같이 해보자고 손을 내미는 것,

함께 한 약속을 끝까지 지켜내는 것 그리고 무엇보다 그 모든 과정에 따뜻한 마음을 담는 것이다.

인공지능이 점점 더 많은 것을 대신하는 이 시대에서 결국 세상을 바꾸는 건 기술이 아니라 마음이다. 그리고 그 마음이 서로를 붙들어 줄 때 우리는 미래를 따뜻한 희망으로 채워갈 수 있다.

인공지능과 함께 만드는 더 나은 세상, '카자흐스탄 AI-Sana 프로젝트'

"기술을 가르치되, 인간적인 마음을 잃지 않게 하려면 어떻게 해야 할까?"

카자흐스탄 정부가 인공지능 교육 프로젝트를 제안했을 때, 내가 스스로에게 던진 첫 번째 질문이었다.

나는 요즘 카자흐스탄에서 6년간 매년 10만 명씩 총 60만 명의 청소년에게 인공지능 교육을 제공하는 대규모 프로젝트를 준비하고 있다. 과학기술부, 대통령실, 아시아개발은행ADB이 함께하는 국가적 사업으로, 프로젝트 이름은 'AI-Sana 프로젝트'다. 카자흐어로 'Sana'는 '마음', '의식', '사고'를 뜻한다. 기술만 배우는 게 아니라 그 기술로 세상을 어떻게 바라보고 변화시킬 것인지 함께 고민하자는 의미를 담았다.

앞서 이야기한 6C가 이 프로젝트의 핵심이다. 학생들은 이 프로젝트를 통해 인공지능을 배우며 미래 식량, 빈곤과 복지, 기후변화 같은 문제를 탐구한다. 이 과정을 통해 학생들은 인공지능은 그저 도구일 뿐이고 중요한 건 문제를 바라보는 시각과 해결하려는 의지라는 것을 깨닫는다. 교재 제목도 이런 철학을 담았다. 〈인공지능과 함께 만드는 더 나은 세상: 탐구 기반 교육과 현실 세계 문제 대응〉. 나는 이런 프로젝트를 통해 학생들이 자기 마을의 작은 문제에서 시작해 점차 지구적 관점으로 시야를 넓혀서 지역의 물 부족 문제가 기후변화와 연결되고, 마을의 농업 문제가 세계 식량 위기와 맞닿아 있음을 깨닫길 원한다.

이 프로젝트를 준비하면서 170개국에서 약 2만 명이 함께했던 MOOC 수업이 떠오른다. 그야말로 국경 없는 배움의 장이었다. AI-Sana도 그렇게 퍼져나가길 바란다. 다만 연결 자체가 목적이 아니라 그 연결 속에 '책임감'과 '긍휼'을 담아야 한다.

이 프로젝트는 이제 첫발을 뗐다. 그런데 벌써 변화가 보인다. "인공지능으로 뭘 할 수 있나요?"라고 묻던 학생들이 "우리 지역의 이 문제를 인공지능으로 어떻게 해결할 수 있을까요?"라고 묻기 시작했다. 이 작은 변화가 언젠가 거대한 혁신의 물결이 되리라 믿는다.

수많은 아이의 반짝이는 눈빛을 마주한 순간, 나는 이것이 내가 갈 길이라는 것을 단번에 알았다. 동시에 이 일은 긍휼의 마음에서 시작되었다. 카자흐스탄의 외딴 마을 청소년이든, 도시의 학생이든,

그들의 가능성을 믿고 싶었다.

MOOC 수업이 불가능하다는 편견을 깨고 전 세계를 연결했듯이 AI-Sana도 새로운 가능성을 열어갈 것이다. 기술과 마음이 만나는 그곳에서 우리는 진정한 변화를 이루게 될 것이다.

인공지능은 목적이 아닌 도구일 뿐
본질은 여전히 인간의 상상력에 달려 있다

나는 지금 카자흐스탄에 이어 남아프리카공화국을 무대로 새로운 교육 혁신을 준비하고 있다. 넬슨 만델라 재단과 현지 주요 대학들과 함께 진행하는 이 프로젝트는 인공지능시대의 '임팩트 리더'를 양성하는 것이 목표다. 카자흐스탄과 마찬가지로 국가 차원의 핵심 프로젝트로 확대시키는 목표를 가지고 있다.

무엇보다 이 프로젝트는 넬슨 만델라의 철학을 교육의 토대로 삼는다는 점에서 특별하다. 정의와 포용, 연대 그리고 도덕적 용기를 아우르는 '만델라 리더십'을 중심에 두고, 지속 가능한 사회 구현과 정의로운 기술 활용, 실천 가능한 기업가정신을 하나로 엮어내려 한다. 이런 위대한 유산을 교육에 담을 수 있다는 것 자체가 큰 영광이자 무거운 책임이다. 만델라 재단 사람들과의 미팅을 마칠 때마다 나는 잠시 눈을 감고 10년 후의 아프리카를 그리며 조용히 기도하는 시간을 갖는다.

케이프타운의 한 청년이 인공지능을 활용해 지역 농부들의 작물 병충해를 조기에 진단하는 앱을 만들어가는 모습을 그려본다. 스마트폰 카메라로 병든 잎사귀를 찍으면 즉시 진단과 해결책이 나오고, 덕분에 수확량이 늘고 농약 사용은 줄어들 것이다.

요하네스버그의 한 학생이 인공지능으로 다양한 방언까지 인식하는 교육 플랫폼을 개발하는 모습을 상상해본다. 아이들은 영어를 못해도 모국어로 수학과 과학을 배울 수 있게 될 것이다.

이런 상상이 단지 공상에 그칠까? 그렇지 않을 거라 확신한다. 이미 이 프로젝트가 시작된 카자흐스탄에서 작은 기적들이 시작되고 있다. 이 프로젝트를 통해 성장한 청년들이 인공지능을 도구 삼아 지역사회의 문제를 해결하고, 더 공정하고 포용적인 사회를 설계하는 만델라 같은 리더가 되리라 믿는다.

현재 나는 아프리카 여러 국가와 국제기구들의 도움을 받으며 프로젝트를 더욱 구체화하고 있다. 각자의 전문성과 경험을 나눠주시는 분들께 늘 감사한 마음이다. 전 세계 어디서든 접근할 수 있는 하이브리드 학습 플랫폼을 준비하는 과정에서 특히 많은 이의 헌신을 목격하고 있다.

스탠퍼드대에서 시작된 6C 핵심 역량이 실리콘밸리를 넘어 카자흐스탄과 남아프리카공화국으로, 더 많은 곳으로 뻗어나가길 바라는 마음으로 나는 중국, 싱가포르, 태국을 오가며 각국의 교육자들과 만나고 강연과 프로젝트를 이어나가고 있다.

이렇게 세계 곳곳에서 교육 혁신의 움직임을 목격하던 중 세계은행의 요청으로 25개의 미래 교육 프로젝트들을 평가하는 위원회에 참여하게 되었다. 위원장이라는 과분한 직책을 맡았지만 사실 그 기간에 가장 많이 배운 사람은 나였다. 각국의 혁신적인 시도를 보며 겸허해졌고 실패 사례들을 통해서는 우리가 경계해야 할 점들을 깊이 새겼다.

그 과정에서 특히 소중한 깨달음을 얻었다. 인공지능은 목적이 아니라 도구일 뿐이며, 본질은 여전히 인간의 주체성과 상상력에 있다는 것이다. 한 아프리카 속담이 있다.

"빨리 가려면 혼자 가고, 멀리 가려면 함께 가라."

이 지혜로운 말이 인공지능시대에도 여전히 진리임을 매일 느낀다. 혼자서는 할 수 없는 일이다. 수많은 동료 교육자와 정책 연구자, 무엇보다 미래를 이끌어갈 학생들과 함께 걸어가야 할 길이다.

인공지능시대의 전환점에서 뿌린 6C의 작은 씨앗이 많은 이의 정성으로 자라나 숲이 되길 소망한다. 그 숲에서는 인공지능이 소수의 특권이 아닌 모두의 도구가 되며, 청년들이 국경을 넘어 서로의 아픔을 나누고 함께 해결책을 찾아갔으면 하는 마음이다.

이 일에 작은 부분이라도 기여할 수 있음에 깊이 감사한다. 때로는 과연 내가 제대로 가고 있는지 두렵기도 하지만, 학생들의 맑은 눈빛과 동료들의 따뜻한 격려 속에서 우리는 서로의 나침반이 되어

준다. 함께 방향을 잡아가고, 함께 배우며 성장한다.

　기술이 아무리 발전해도 세상을 바꾸는 건 결국 사람이다. 그 사람의 마음과 상상력, 서로를 향한 책임감이다. 함께 배우고 성장하며 더 나은 세상을 만들어가는 것. 그것이 우리가 걸어가는 길이다. 나는 오늘도 이에 대한 믿음을 품고 주어진 자리에서 최선을 다하려 한다.

준비된 자에겐
반드시 은인이 연결된다

나는 촘촘히 연결된 이 세계 속에서 누구나 평생 동안 적어도 다섯 명의 은인을 만난다고 생각한다. 하지만 그 은인을 알아보고 붙잡는 사람은 많지 않다. 어떤 이는 그 기회를 스쳐 지나가고, 또 어떤 이는 그 인연으로 삶의 궤도를 완전히 바꾼다. 은인과의 조우는 단순히 운이 좋아서가 아니다. 내가 얼마나 준비되어 있느냐에 따라 눈앞의 은인을 그냥 놓칠 수도 있고, 평생을 함께할 멘토로 선물받을 수도 있다.

미국 유학 시절, 영어가 서툰 나를 위해 음악 교수님이 한국어로 리포트를 써오라고 하셨다. 만일 내가 그때 어차피 교수님은 이해 못 하실 거라 생각하고 과제를 포기했다면 어떻게 되었을까? 또 피닉스대학교 부총장이 내 박사과정 프로젝트 발표를 참관했을 때, 내 연구가 탄탄하지 않았다면 어떻게 되었을까? 기회는 눈앞에 찾아왔더라도 만일 당시의 내가 준비된 상태가 아니었다면 아무 일도 일어나지 않았을 것이다.

많은 사람을 만나고 관계를 넓히는 일은 분명 중요하다. 그러나 준비 없이 누군가가 나를 무조건 끌어주기를 기대하는 것은 착각이다. 모든 사람에게 마음을 열어두고 자기 일에 매순간 최선을 다할 때 인연은 더 자주, 더 깊이 연결된다. 오직 준비된 자만이 그 손을 붙잡을 수 있다.

은인을 만나고 싶다면
끊임없이 질문하고 움직여라

미국에서 대학에 입학했을 무렵, 나는 공부에 대한 의욕이 충만했고 학업에 도움이 될 친구들도 사귀었지만 영어로 진행되는 수업을 따라가기가 여전히 쉽지 않았다. 수업 내용을 한 마디도 놓치지 않으려고 강의를 통째로 녹음해 몇 번씩 반복해 듣고 매일 열 시간씩 책상에 앉아 필사적으로 공부했지만 실력은 기대만큼 늘지 않았다.

그 무렵 한 수업의 조교로 일하던 '빌'을 만나게 되었다. 당시 그는 컴퓨터 네트워크 전문 컨설턴트로도 일하고 있었는데, 실력도 출중했지만 무엇보다 일상을 즐기고 삶을 여유롭게 사는 모습이 특히 인상적이고 존경스러웠다.

나는 궁금한 것이 생기면 빌을 찾아가 과제와 수업 내용, 기술적인 문제까지 끊임없이 질문했다. 어느 날 빌이 웃으며 말했다.

"넌 정말 대단하다. 컴퓨터 공부를 진짜 좋아하는구나?"

그날 이후 그는 내 멘토가 되어주었다. 학교에서 함께 식사하기도 했고, 맥주를 마시며 앞날을 논하기도 했으며, 가끔씩 로드트립을 떠나기도 했다. 나는 그와 함께 내가 앞으로 어떤 일을 할 수 있을지 함께 고민했고 흥미로운 기술이나 새로운 컴퓨터 프로그램을 같이 실행시켜보기도 했다.

어느 날 그는 더 이상 자신에게 필요하지 않다며 값비싼 소프트웨어 패키지를 선뜻 내게 주었다. 유학생 신분으로는 엄두도 못 낼 프로그램이었지만, 덕분에 나는 마음껏 실습하며 실력을 쌓을 수 있었다. 몸을 혹사하는 일 대신 컴퓨터 관련 일을 할 수 있도록 아르바이트 자리를 소개시켜준 것도 그였다. 자신이 가르치던 학생을 연결시켜주거나 수리 요청 건을 내게 넘겨주면서 고용주에게는 나를 이렇게 소개했다.

"제가 오래 지켜본 친구입니다. 맡은 일은 반드시 해내고 컴퓨터에 대한 열정이 대단합니다."

그 말을 들을 때마다 자신감이 커졌고 더 잘해야겠다는 의욕이 생겼다. 돌이켜보면 그를 만난 건 정말 큰 행운이었다. 빌은 대가를 바라지 않고 늘 기꺼이 나를 도왔다. 그러나 그 행운이 단순한 우연은 아니었다고 생각한다. 누군가를 진심으로 도울 준비가 된 사람을 만나는 것은 큰 축복이지만, 그 축복을 온전히 받으려면 도움받을 준비가 되어 있어야 한다. 삶에 대한 열의를 놓지 않고 부지런히 움직였기에 나는 빌이라는 은인을 얻을 수 있었다. 은인을 만나는 건 운명처럼 보이지만, 그 운명을 불러들이는 힘은 결국 자신의 태도와 행동에서 나온다. 열정을 가지고 꾸준히 노력하는 사람에게는 은인이 스스로 찾아오며 그 인연은 삶의 방향을 바꾸는 결정적인 순간이 될 것이다.

200번째 메일의 기적,
운이 아닌 태도가 만든 기회

스탠퍼드대 학생이 된 잭 안드라카는 이미 열다섯 살에 췌장암 진단 키트를 개발했다. 한국의 교육자들에게 이 학생에 대해 이야기하면, 대개 이런 질문이 따라온다.

"어떻게 그렇게 어린 나이에 비용은 낮고 정확도는 높은 키트를 만들 수 있었죠? 천재인가요?"

그리고 이어 이런 반응이 따라온다.

"이런 연구와 개발을 했다니, 부모님이 제약회사나 병원 CEO인가 봐요."

이런 대화를 나누다 보면 마음이 씁쓸해진다. 물론 풍족한 물질적 지원이 여러 분야에서 성공 확률을 높이는 것은 사실이다. 그러나 나는 태도가 그 확률을 바꾼다고 믿는다. 중요한 점은 내가 아는 한 이 추측이 모두 사실이 아니라는 것이다.

안드라카는 분명 천부적인 소질을 타고난 학생이었다. 그러나 그가 타고난 천재라서 혁신적인 키트를 만들 수 있었던 건 아니다. 나는 스탠퍼드대에서 천재라 불렸던 수많은 학생을 만나왔다. 그런데 지금 그 천재들은 어디에서 무엇을 하고 있을까? 천재성만으로는 설명할 수 없는 차이가 안드라카에겐 있었다.

그의 성취 이면에는 아이디어와 의지만으로는 넘을 수 없는 높은 장벽과 그 장벽을 함께 넘어줄 사람을 만나기까지의 긴 과정이 있었다. 어릴 때부터 질문이 많았던 그는 학교에서 따돌림을 당했다. 외로웠던 그에게 이웃집 아저씨 테드가 멘토이자 친구가 되어주었다. 테드는 안드라카에게 과학에 대해 이야기해주었고 세상을 바라보는 다양한 관점을 일깨워주었다. 그러나 테드는 안드라카가 열세 살 되던 해에 췌장암으로 세상을 떠났다. 절망한 안드라카는 췌장암에 대해 연구하기 시작했다. 처음에는 췌장이 어디에 있는지조차 몰랐지만, 자료를 찾아 읽고 전문가들의 강연을 들으며 이 병이 조기 진단이 어렵고 사망률이 높다는 사실을 알게 되었다. 안드라카는 직접 해결책을 찾아야겠다고 결심했다.

그러나 췌장암 테스트기 개발을 하고 싶으니 실험실을 빌려달라는 중학생의 말에 귀 기울이는 사람은 아무도 없었다. 안드라카는 200명의 교수에게 자신의 연구 취지와 지금까지 수집하고 정리한 정보들을 메일로 보냈으나 199번째까지 단 한 통의 답장도 받지 못했다. 그래도 안드라카는 포기하지 않고 200번째 메일을 썼다. 그 메일을 받은 사람이 바로 존스홉킨스대학교 병리 및 종양학 교수 아니르반 마이트라였다.

마이트라 교수는 안드라카를 불러 이야기를 들어보았다. 그는 안드라카의 연구 계획이 허황된 공상이 아니라는 것을 알아차렸다. 마이트라 교수는 실험실을 내주었고 장비와 자료를 제한 없이 사용하도록 허락했다. 수천 번의 실험이 실패로 끝났지만 마이트라 교수는 전혀 개의치 않고 안드라카에게 때로는 격려를, 때로는 냉정한 조언을 아끼지 않았다. 그 과정을 거쳐 안드라카는 7개월 동안 4,000여 번의 시도 끝에 기존보다 168배 빠르고, 정확도는 90퍼센트 이상이며, 비용은 약 26,000분의 1에 불과한 진단 키트를 완성했다.

이 성과로 그는 인텔 국제과학기술 경진대회에서 고든무어상을 수상했다. 이후 안드라카는 스탠퍼드대에 입학해 다양한 연구와 발명을 이어가며 특허를 등록했고 졸업 후 현재는 인공지능 관련 연구를 하고 있다.

은인과 연결된다는 건 단순히 운이 좋았다는 말로 설명되지 않는다. 그것은 꾸준히 준비한 사람이 자신을 보여줄 기회를 만들고, 그 기회를 통해 누군가의 신뢰를 얻는 과정에서 비롯된다. 만약 안드라카가 200번째 메일을 보내지 않았다면 어떻게 되었을까? 200통의 이메일이 누군가에게는 작은 숫자일지 몰라도 그 속에는 200번의 기대와 199번의 실망이라는 엄청난 이야기가 담겨 있다.

누군가 나를 도와주기를 막연히 기다려서는 안 된다. 오히려 누구라도 나를 돕고 싶은 마음이 들 만큼 성실하고 진지한 태도로 매 순간 최선을 다해야 한다. 나는 이것이 안드라카의 진정한 천재성이라고 생각한다. 그 태도와 열정은 그 어떤 뛰어난 암기력이나 명석함으로도 대신할 수 없다.

은인은 종종 우리가 예상하지 못한 순간에 나타나 연결된다. 그러나 그 순간이 왔을 때 열정과 태도를 보여줄 준비가 되어 있지 않다면, 그 기회의 문은 아무 소리 없이 닫혀버린다.

결국 은인을 만나는 일은 운명처럼 다가오지만, 그 운명을 부르는 힘은 오늘 내가 쌓아가는 하루하루의 열정과 태도에서 비롯된다. 그렇다면 지금, 나는 그 순간을 맞이할 준비가 되어 있는가?

이야기를 하면 반드시
사람과 사람, 꿈과 꿈이 연결된다

나는 하루에도 수십 통씩 전 세계 학생들의 메일을 받는다. 스탠퍼드대학교에 입학하는 방법이 궁금하다는 학생도 있고, 나를 만나서 이야기를 나눠보고 싶다는 학생도 있다. 입학 관련 질문은 대부분 응답하지 않는데, 가끔 그 수많은 메일 중 목적의식이 뚜렷하고 내게 요청하는 도움의 내용이 명확한 학생들의 메일은 눈에 띈다.

카푸친도 남다른 학생이었다. 처음 메일을 받았을 때 그는 고등학교에 다니고 있었다. 그는 네팔의 한 보육원을 돕는 일을 하고 있었는데, 이미 재단을 세워서 6년간 펀드레이징을 진행하고 있었다. 메일을 통해 그는 지금까지는 기부금과 물품을 조달하는 일만 해왔는데 이것에 한계를 느꼈다고 고백했다. 보육원의 아이들을 돕는 가장 효과적인 방법은 교육이라는 것을 깨달아 내가 개발한 질문형 학습 플랫폼인 스마일의 사용법을 배워서 적용하고 싶다고 간절히 요청했다.

이런 메일을 받았을 때 당신이라면 어떻게 하겠는가? 그가 요청한 도움은 물론이요, 그의 목표를 돕기 위해서 내가 할 수 있는 것은 다 해주고 싶은 마음이 들었다. 나는 곧바로 그와 만나서 스마일 플랫폼의 사용법과 그 효능을 알려주었다. 또한 그가 원하는 특정 환경에서 이 프로젝트를 어떻게 효과적으로 적용할 수 있을지에 대해서 머리를 맞대고 한참 의논했다. 그런 끝에 나는 초반에 모바일 기기 등을 지원해주기로 했으며, 필요하다면 네팔로 날아가겠다고까지 약속했다.

이처럼 세상 어딘가에는 나를 이해하고 공감하고 도와줄 은인이 반드시 존재한다. 만일 그런 사람이 아직 없다면 내가 제대로 말하지 않아서고, 필요한 질문을 하지 않아서다. 이야기를 하면 누군가와 반드시 연결될 수 있다.

인간에게 '연결'만큼 강력한 능력은 없다. 아무리 뛰어난 사람도 혼자 있을 때보다 함께할 때 더 위대한 일들을 해낸다. 최선의 노력을 다해도 혼자서는 다 이뤄낼 수 없는 영역이 분명히 있다는 사실을 겸허히 받아들이자. 내가 바라는 바를 최고의 목표치대로 이루려면 함께했을 때 시너지효과를 줄 수 있는 사람을 찾아야 한다. 그래야만 큰 목표를 달성할 수 있다. 그러므로 당신이 이루고 싶은 일을 모두가 알게 하라. 사람과 사람, 꿈과 꿈이 연결되어 놀라운 일들이 벌어질 것이다.

7장

인생을 완성해가는 건 결국 플랜 B다

자기회복력
Self-Resilience

인생에서 플랜 B는 실패가 아니다. 그것은 플랜 A로 돌아가기 위한 자원과 경험을 쌓아가는 귀한 과정이다. 플랜 B는 결국 원하는 곳에 이르기 위해 나를 담금질하는 수련장이다. 때로는 돌아가는 길이 가장 빠른 길이 된다. 그것이 인생이 우리에게 가르쳐준 놀라운 아이러니다. 그러니 당신이 하고 있는 일이 꿈꾸던 모습과 다르다고 해서 좌절할 필요는 없다. 당신은 지금 플랜 A로 가기 위해 꼭 거쳐야 할 플랜 B에 있을 뿐이다. 꿈을 버리지 않는 한, 당신의 모든 현재는 의미가 있다.

수많은 플랜 B 없이는
플랜 A에 이를 수 없다

　무슨 일을 하든 플랜 B를 준비하는 것이 중요하다는 걸 모르는 사람은 없다. 그러나 정작 그것을 실천하는 사람은 드물다.
　나는 인생에서 계획대로 되는 일이 얼마나 드문지를 뼈저리게 배웠다. 그래서 어떤 일을 시작하든 늘 플랜 B를 마련하려고 한다. 오지에 교육 프로젝트를 하러 갈 때도 아이들에게 나눠줄 교육 디바이스인 포켓스쿨 외에 여러 교재를 챙긴다. 기계가 갑자기 고장 날 수 있고, 예기치 못한 상황이 닥칠 수 있으며, 어떤 아이들에게는 다른 방식이 더 맞을 수도 있기 때문이다.
　특히 사업을 할 때는 플랜 B가 필수다. 그래서 나는 창업자를 만날 때마다 꼭 묻는다.
　"이 일이 계획대로 되지 않으면 어떻게 할 건가요?"
　플랜 B는 일할 때만 필요한 것이 아니다. 인생에도 필요하다. 혹시 지금 꿈꾸던 삶과는 다른 일상을 살고 있는가? 그렇다면 당신은 플랜 B의 길을 걷고 있는 것인지 모른다. 아무리 간절히 바랐더라도 처음부터 플랜 A로 순항하는 사람은 거의 없다. 그럴 때 플랜 B로 전환하는 건 실패가 아니라 자연스러운 삶의 과정이다.

많은 사람이 플랜 B를 차선책이나 패배의 흔적으로 여긴다. 그러나 나는 다르게 생각한다. 인생에서 플랜 B는 실패가 아니다. 그것은 플랜 A로 돌아가기 위한 자원과 경험을 쌓아가는 귀한 과정이다. 플랜 B는 결국 원하는 곳으로 이르기 위해 나를 담금질하는 수련장이다.

때로는 돌아가는 길이 가장 빠른 길이 된다. 그것이 인생이 우리에게 가르쳐준 놀라운 아이러니다. 그러니 당신이 하고 있는 일이 꿈꾸던 모습과 다르다고 해서 좌절할 필요는 없다. 당신은 지금 플랜 A로 가기 위해 꼭 거쳐야 할 플랜 B에 있을 뿐이다. 꿈을 버리지 않는 한, 당신의 모든 현재는 의미가 있다.

내 진정한 플랜 A는
무수한 플랜 B를 통해 선명해진다

플랜 A에 이르려면 반드시 수많은 플랜 B가 쌓여야 한다. 나는 미국에서 학업을 이어가며 닥치는 대로 아르바이트를 했다. 중국집,

세차장, 모텔 등 외면적으로는 내가 하고 싶었던 일과 아무 상관이 없는 일들이었다.

그러나 지금 돌이켜보면 그 어느 것도 헛되지 않았다. 이제는 완전히 내 안에 내재화된, 사람을 대하는 법, 문제를 해결하는 법, 낯선 환경에 적응하는 법 등은 모두 그 시절 플랜 B에서 얻은 자산이다. 당시의 경험이 없었다면 지금의 나는 없었을 것이다.

만약 근사한 카페를 차리는 것이 꿈이라면 먼저 커피숍에서 아르바이트를 해봐야 한다. 식당을 꾸리고 싶다면 접시를 닦고 재료를 손질하는 일부터 경험해야 한다. 이런 경험을 통해 그 길이 나와 정말 맞는지 직접 확인할 수 있기 때문이다. 막연히 플랜 A라고 여겼던 꿈이 실제로 해보니 내 성향과 맞지 않을 수도 있다. 그렇다면 또 다른 플랜 B를 실행하면 된다. 그렇게 실행하는 과정에서 진짜 플랜 A가 점점 더 선명해진다.

때로는 생계를 위해 전혀 다른 일을 해야 할 때도 있다. 그러나 그것 역시 의미 없는 시간이 아니다. 멈추지 않고 무언가를 하고 있다는 사실 자체가 값지다. 삶의 현장에서 얻은 모든 경험은 결국 인생의 자양분이 된다.

우리 책상 위에 놓인 작은 포스트잇도 사실은 실패에서 비롯되었다. 원래는 강력한 접착제를 만들려 했지만, 접착력이 너무 약해 쓸모없어 보였다. 그런데 합창단에서 찬송가 책갈피가 자꾸 흘러내리는 문제를 겪던 한 연구원이 이 약한 접착제를 활용하기 시작했다.

붙였다 떼어도 흔적이 남지 않는 새로운 발명, 포스트잇은 그렇게 세상에 나왔다. 버려질 뻔한 플랜 B가 오히려 사무실에서 없어서는 안 될 플랜 A가 된 것이다.

요즘 사람들이 TV보다 더 많이 시청하는 유튜브도 마찬가지다. 처음 구상은 영상을 기반으로 한 '온라인 데이팅 사이트'에 가까웠다. 사용자가 자기소개 영상을 올리도록 했지만 참여는 거의 없었다. 그런데 사람들이 점차 자신의 일상과 여행, 공연 기록 같은 영상을 올리기 시작했고 그것이 지금의 유튜브로 자라났다. 애초의 플랜 A는 사라졌지만, 그 속에서 등장한 플랜 B가 진짜 세상을 흔드는 플랜 A가 된 것이다.

여기서 한 가지 더 생각해볼 점이 있다. 이미 플랜 A의 삶을 살고 있다면, 플랜 B는 더 이상 필요 없을까? 나는 그렇지 않다고 본다. 인생의 플랜 A는 하나만 존재하지 않는다. 내가 아직 발견하지 못한 또 다른 플랜 A가 어딘가 숨어 있을 수 있다. 그러므로 언제든 새로운 가능성에 마음을 열 수 있도록 플랜 B를 품고 있어야 한다.

내가 아는 한 교수님은 본업과 전혀 상관없는 굴착기 자격증을 따기 위해 새벽마다 연습장을 찾곤 했다. 지금 하는 일을 무척 사랑하지만, 언젠가 직접 집을 지어 살고 싶다는 오랜 꿈이 있었기 때문이다. 굴착기 자격증 취득은 그에게 단순한 취미가 아니라 또 다른 플랜 B였다. 그는 현재의 플랜 A를 충실히 살아가면서도 또 다른 가능성을 향해 자신을 준비시키고 있었다.

나 역시 비슷한 경험이 있다. 경비행기 조종은 처음엔 호기심과 필요에서 비롯되었다. 오지에서 교육 프로젝트를 진행할 때 더 자유롭고 넓은 시야가 필요하다고 생각했고, 직접 비행기를 조종할 수 있다면 그 비전을 더 깊고 풍부하게 실현할 수 있으리라 여겼다.

그때부터 나는 기꺼이 늦은 학생이 되었다. 평일에는 대학교 부학장으로 일하고, 주말이면 비행학교 학생이 되었다. 그러나 기억력은 예전 같지 않았고 집중력도 떨어졌다. 어린 교관에게 호되게 꾸중을 듣고 속상했던 날도 있었고, 훈련 중에 가슴이 철렁한 순간도 겪었다. 하지만 그 모든 과정을 지나면서 다시 배우는 기쁨을 알게 되었다. 결국 시험에 합격했고 비행기를 몰고 하늘을 나는 조종사가 되었다.

그 경험은 내 삶의 태도를 근본적으로 바꾸어놓았다. 나이와 지위에 관계없이 언제든 배우는 사람이 되어야 한다는 깨달음이었다. 이제 비행기 조종은 내가 가진 여러 지식과 기술 중 가장 자랑스러운 재능이 되었다. 창공을 가르는 비행은 매번 나를 더 넓은 시야와 열린 마음으로 이끌고, 다양한 사람들과의 교류는 내가 세계시민으로서 어떤 책임을 지고 살아야 하는지에 대한 깊은 성찰을 안겨준다.

처음엔 가벼운 플랜 B였지만, 이제는 그 무엇보다 소중한 또 하나의 플랜 A가 되었다. 내가 걸어온 길과 익혀온 기술 그리고 세상에 대한 긍휼의 마음이 한자리에 모여 앞으로 내가 가야 할 길을 더욱 선명하게 가리킨다.

그리고 나는 깨달았다. 인생은 언제나 플랜 A만을 향해 직선으로 나아가는 것이 아니다. 수많은 플랜 B가 모여 길을 만들고, 그 길 위에서 비로소 내 플랜 A가 빛을 발한다. 돌아가는 길, 빗나가는 길, 멈추어 서는 길조차 결국은 나를 그곳으로 이끌고 있었다.

노력해도 제자리라는 생각에 괴롭다면, 당신은 플랜 A로 향하는 발판을 다지는 중이다

플랜 B는 단지 대안이 아니다. 그것은 플랜 A로 가기 위한 자양분이며, 새로운 연결과 기회의 문을 열어주는 발판이다. 때로는 전혀 예상치 못한 또 다른 플랜 A로 이어지기도 한다. 그러니 지금 겪고 있는 플랜 B의 시간이 힘겹고 의미 없어 보여도 외면하지 말자. 오히려 그것을 삶의 일부로 받아들이고 묵묵히 지나가자. 언젠가 이 시간이 당신 인생의 전환점이 되어줄 수도 있다.

수년 전에 인생의 전환점에서 힘든 시간을 보내고 있는 오랜 친구와 캐나다의 루이스 호수를 여행한 적이 있다. 그 친구는 공대 출신으로, 계획적이고 준비성이 철저한 사람이었다. 여행에서도 예외가 아니었다. 숙소에서 호수까지의 거리, 교통편, 렌트카 주차장 위치와 비용까지 일일이 조사해 파일로 정리해두었다. 간단한 아침 식사

일정조차 빈틈이 없었다. 크레프 맛집의 인기 메뉴 두 가지를 포장하고 150미터 떨어진 카페에서 오트밀 라테를 픽업한 뒤 버스를 타고 가는 코스였다. 나는 그저 친구의 계획을 따라 움직이며 오랜만에 함께하는 여행에 미소를 지을 뿐이었다.

그러나 현실은 늘 변수를 품고 있다. 음식 나오는 시간이 늦어지고 우리보다 늦게 온 다른 손님들이 먼저 식사를 마치고 나가자 친구의 표정이 굳어졌다. 직원이 "팁을 많이 준 손님에게 음식이 먼저 나온다"라고 말했을 때, 친구는 크게 화를 내며 다시는 캐나다에 오지 않겠다고 선언했다. 시간이 지체되어 버스는 떠나버렸고 우리는 렌트카로 한 시간 넘게 달려 공영주차장에 도착했다. 그러나 계획에 없던 비싼 셔틀 요금과 긴 대기줄이 기다리고 있었다. 늘 차분하던 친구의 얼굴에 짜증이 드리워졌다. 치밀하게 세운 자신의 계획이 어긋나고 있다는 사실이 그를 괴롭히고 있었다. 나는 그 모습을 지켜보며 수많은 플랜 B를 먼저 겪어본 자로서 조금은 여유롭게 미소를 지을 수 있었다. 나는 조심스럽게 제안했다.

"어차피 계획은 어긋났으니 이번엔 내 방식대로 가보자."

우리는 셔틀버스를 포기하고 마을 쪽으로 차를 몰았다. 그러다 작은 골목 끝에서 호수로 이어지는 트레킹 길을 발견했다. 왕복 세 시간 남짓 걸어 루이스 호수까지 이어지는 길이었다. 지금껏 어떤 여행 유튜버도 소개하지 않았던, 숨겨진 보석 같은 곳이었다. 에메랄드 빛 물길을 따라 걷는 오솔길은 마치 영화의 한 장면처럼 눈부셨다.

무엇보다 그 길 위에서 우리는 오래 미뤄둔 이야기를 꺼낼 수 있었다. 중년의 나이에 아버지와 가장으로서의 무게에 눌려 차마 꺼내지 못했던 속내들 그리고 여전히 마음 한편에 남아 있던 소년 같은 꿈까지 숲길을 걸으며 함께 나누었다. 오래 묵은 대화 속에서 우리의 마음이 여전히 굳건히 이어져 있음을 깊이 느꼈다. 우리가 함께 여행을 떠난 본래의 의미를 되찾는 순간이었다.

친구는 그 길을 세상에서 가장 아름다운 길이라고 말하며, 언젠가 꼭 다시 걸어보고 싶다고 했다. 그는 우리 둘이 찍은 사진 옆에 '세상에 없는 천국의 길'이라고 적어 SNS 프로필에 걸어두었다. 나는 그 사진을 보며 진심으로 미소가 지어졌다. 철저한 계획이 무너졌기에 오히려 만날 수 있었던 길, 그 길에서 우리는 상상할 수 없던 특급 플랜 A 여행을 함께할 수 있었다.

인생도 이와 다르지 않다. 우리는 언제나 플랜 A를 세우지만, 인생은 자주 어긋나가고 돌아서며 멈춰선다. 그러나 바로 그 길 위에서 새로운 풍경과 사람을 만나고, 뜻밖의 길이 인생의 참된 방향을 알려주기도 한다. 계획에서 벗어난 순간이야말로 우리를 성숙하게 한다. 결국 중요한 건 상황이 아니라 그것을 대하는 우리의 마음가짐이다.

이제 당신의 현재를 돌아보자. 지금 걷는 길이 맞는지 의심이 드는가? 내 역량을 다 쓰지 못하는 것 같아 답답한가? 노력해도 제자리라는 생각 때문에 괴로운가? 그렇다면 당신은 바로 지금, 플랜 B

를 살아내는 중이다. 미처 발견하지 못한 플랜 A로 나아가기 위해 발판을 다지고 있다는 뜻이다. 그리고 한 가지는 분명한 건 지금이 결코 마지막이 아니라는 것이다. 그렇기에 어떤 경험도 헛되지 않다.

플랜 A를 꽃피우기 위한 화분을 만든다고 생각해보자. 흘린 땀방울, 끝내 삼킨 눈물조차 흙이 되어 밑거름이 된다. 플랜 B에는 버려야 할 것이 하나도 없다. 결국 그것이 모여 당신의 삶을 지탱하고 또 다른 길로 이어지게 할 것이다.

인생은 언제나 계획표대로만 흐르지 않는다. 어긋나는 길, 돌아서는 길, 멈춰 서는 길조차도 모두 하나의 여정이다. 그 굴곡과 불완전함이 결국 우리의 삶을 단단히 빚어내고 마침내 진짜 내가 가야 할 길을 밝혀준다. 그것이 인생이다.

당신은 얼마나 많이
도전하고 실패했는가

스탠퍼드대 재직 시절, 디스쿨의 한 교수와 식사를 함께한 적이 있다. 마침 학기 말 성적을 산출하던 때라 나는 늘 궁금했던 질문을 던졌다.

"교수님, 수업에서 디자인 과제는 어떻게 평가하시나요? 정답이 있는 것도 아니고 수치로 객관화하기도 어렵잖아요."

그 교수는 이미 여러 번 받아본 질문이라는 듯 미소 지으며 답했다.

"아주 간단하면서도 객관적인 기준이 하나 있답니다."

"정말요? 그게 뭔데요?"

"무게예요."

무게라니? 순간 나는 이해가 가지 않아 눈을 크게 떴다. 그런 나를 보고 교수는 웃음을 터뜨리더니 곧 설명을 이어갔다.

"최종 결과물이 나오기까지 채택되지 못한 습작을 모두 모아 무게를 재는 겁니다. 얼마나 많이 시도하고 실패하고 다시 개선했는지가 곧 학습의 깊이를 보여주거든요."

그제야 고개가 끄덕여졌다. 그가 정말 중요하게 여기는 건 완성된 결과물이 아니라 그 결과를 만들기까지의 여정이었다. 학생들은 학기마다 실패가 곧 배움의 또 다른 이름임을 되새기는 셈이다. 좌절과 도전이 깊은 무게로 쌓여야 그것이 마침내 배움으로 응고되고, 그 위에서 진정한 성공이 꽃피울 수 있다.

오늘 어떤 실패를 감수하며 어떤 버스를 기다릴 것인가

실리콘밸리의 면접 자리에서 빠지지 않는 질문이 있다. 면접관들은 누가 더 많이 성공했는가가 아니라 누가 더 많이 실패했는가를 묻는다. 얼마나 넘어졌는지, 그때 무엇을 배웠는지 다시 일어나 어떤 길을 걸었는지가 중요한 기준이 된다.

나 역시 수많은 실패를 겪으며 지금까지 걸어왔다. 잘못된 투자로 손실을 본 적도 있고 믿고 도와준 이에게 배신을 당한 적도 있다. 그때마다 경제적 손해와 관계의 상처가 남았다. 그러나 시간이 흐르며 그 모든 손해가 나를 단단하게 만들었음을 깨달았다. 내가 남에게 피해를 끼친 것이 아니라 상처를 받은 쪽이었음을 오히려 다행으로 여겼다. 만약 내가 누군가를 해쳤다면 그 괴로움을 감당하지 못했을 것이다.

실패는 분명 아프다. 하지만 동시에 새로운 배움의 문을 연다. 실패를 피한 사람에게는 결코 열리지 않는 문이다. 그래서 나는 새로운 팀원을 고용할 때 반드시 묻는다.

"당신은 어떤 실패를 경험했습니까?"

실패 경험이 선명하지 않은 사람, 실패를 이야기하지 않는 사람은 오히려 꺼려진다. 제대로 실패해보지 않았다는 건 삶에서 무언가를 진심으로 시도해본 적이 없다는 뜻이기 때문이다.

그런 의미에서 한 화가의 삶은 묵직한 울림을 준다. 쿠바에서 태어나 뉴욕에서 평생 그림을 그린 카르멘 에레라Carmen Herrera는 60년간 단 한 작품도 팔지 못했다. 첫 판매는 무려 89세 때였다. 그때 몇 점이 한꺼번에 팔렸고 그 이후에야 미술관들이 그녀의 작품을 소장하기 시작했다. 그녀는 훗날 웃으며 이렇게 말했다.

"버스는 계속 기다리면 언젠간 오지요. 나는 거의 한 세기 동안 버스를 기다렸고, 마침내 왔어요."

그녀의 말은 거창한 신념이 아니다. 그저 작업실에서 하루하루 선線과 면面을 맞추며 버틴 사람의 건조한 회고다. 하지만 그 담백함이 우리를 멈춰 세운다. 실패와 무명의 시간은 결과가 아니었다. 과정이자 근육이었다. 결국 100세를 넘긴 뒤에도 그녀의 전시는 이어졌고 한순간의 행운처럼 보이는 모든 일의 바탕에는 평생 수없이 쌓아온 반복의 시간이 있었음을 증명했다.

하지만 모든 실패가 똑같은 가치를 지니는 건 아니다. 같은 실패를 되풀이하는 사람은 배우지 못하는 사람이다. 실패가 배움이 되려면, 그 실패가 매번 새로운 시도 속에서 발생해야 한다. 똑같은 자리에 계속 넘어진다면 그것은 배움이 아니라 게으른 방치일 뿐이다. 반대로 다양한 실패를 겪어본 사람은 다르다. 스스로는 아직 모를지라도 성공은 생각보다 훨씬 가까이 와 있을지도 모른다.

여기서 한번 묻고 싶다. 당신이라면 어떻게 하겠는가? 팔리지 않는 그림을 10년, 30년, 60년 꾸준히 그릴 수 있겠는가? 버스를 거의 한 세기 동안 기다렸다는 에레라의 농담 섞인 고백은, 사실 우리 각자가 매일 서 있는 정류장에 대한 질문이기도 하다. 당신은 오늘 어떤 실패를 감수하며, 어떤 버스를 기다릴 것인가?

우리는 너무 쉽게 '실패'라는 말을 입에 올린다. 그러나 실패라고 단정하는 순간, 다시 시도할 힘은 사라진다. 실패는 끝이 아니라 과정이다. 스스로 포기하지 않는 한, 그것은 실패가 아니라 다음 걸음을 위한 준비가 된다. 진짜 실패는 단 하나, 더 이상 아무것도 시도하지 않는 것이다. 아직 도전할 마음이 있다면 그것은 실패가 아니라 귀한 배움의 축적이다. 성공은 바로 그 발판 위에서 자라난다.

실패 체크리스트를 통해
실패와 제대로 마주하라

성공의 비밀은 실패를 피하는 데 있지 않다. 성공은 오히려 '제대로 실패하는 것'에 달려 있다. 그러므로 실패를 두려워하지 말고 나 자신과 동일시하지도 말아야 한다.

실패를 겪고 나면 '내 능력이 부족해서 그렇다'고 단정 짓기 쉽다. 그러나 한발 물러서서 바라보면 알 수 있다. 실패는 나를 부정하는 증거가 아니라 다음 시도를 위한 경험일 뿐이다. 원인을 객관적으로 돌아보고 고칠 점만 개선하면 된다.

그렇다면 어떻게 실패를 나 자신과 분리할 수 있을까? 가장 손쉬운 방법은 바로 '실패 체크리스트'를 만드는 것이다. 우리가 아침에 To-do 리스트를 적듯, 실패의 항목을 하나씩 기록해보자.

- 제안서를 보냈는데 거절당했다. (✓)
- 이메일 답장을 받지 못했다. (✓)
- 밤새 준비한 과제에 C를 받았다. (✓)

이처럼 구체적으로 내가 실패한 일들을 하나씩 적고 그 옆에 체크 표시를 해보라. 체크할 때마다 "좋아, 오늘도 하나 배웠군!" 하고 가볍게 말해보자. 실패를 무겁게 짊어지지 않고 '배움의 목록'으로 받아들이는 태도가 중요하다.

　나는 학생들에게 아예 100칸짜리 실패 체크리스트 공책을 만들어보라고 권한다. 칸마다 실패를 기록하다 보면 실패라는 말의 의미가 달라진다. 더욱 실패에 당당하게 된다. 그리고 확실히 약속한다. 당신은 그것을 다 채우지 못할 것이다! 실패를 돌아보고 기록하고 체크하며 다시 한번 도전할 수 있다면 우리는 반드시 앞으로 나아간다.

　창업이나 취업, 시험 준비 같은 인생의 중요한 순간에 때로는 실패라는 피드백을 받는다. 그럴 때마다 스스로에게 이렇게 물어보자. "나는 최종적으로 실패한 것인가? 아니면 또 하나의 체크를 남긴 것인가?"

　대답은 분명하다. 포기하지 않는 한 실패가 아니다. 그것은 당신의 인생을 완성해가는 체크리스트의 일부일 뿐이다.

낯선 길에서만 마주할 수 있는
진정한 배움

오지로 교육봉사를 갈 때, 나는 가능한 한 많은 학생을 데리고 간다. 도움을 받기 위해서가 아니다. 오히려 처음 참여하는 학생들은 방해가 되기도 한다. 그러나 진정한 배움은 책상 앞이 아니라 낯선 현장에서 온몸으로 부딪혀야만 얻을 수 있다는 것을 잘 알기에 조금이라도 의지가 있는 학생이라면 반드시 함께 데리고 간다. 봉사활동을 처음 경험하는 학생들은 출발 전에 순진한 질문을 쏟아낸다.

"생수를 왜 다 들고 가요? 거기서 사 마시면 안 돼요?"

"전기도 물도 없으면, 화장실은 어떻게 가요?"

그들에게는 당연한 의문이지만 그곳에는 가게도, 전기도, 화장실도 없다. 우리의 상상력은 늘 자기 경험의 테두리에 갇혀 있다. 살아본 적 없는 세계는 아예 그려지지 않는다. 내가 살고 있는 세상과 전혀 다른 세상을 이해하고, 내 상식 바깥의 창의적인 생각을 떠올리려면 직접 몸으로 부딪혀 새로운 경험을 쌓아가는 수밖에 없다.

내가 살아온 세상과 전혀 다른 환경에서 불편하고 열악한 시간을 온전히 보내고 나면 학생들은 전과 다른 눈빛을 보인다. 온몸으로 겪어보면서 시야가 넓어지고 생각이 깊어진 것이다.

우리의 인생에
꽃길만 있어서는 안 된다

나는 아끼는 사람일수록 힘든 길로 등을 떠민다. 내 두 딸에게도 예외는 없었다. 큰아이가 열여섯이 되었을 때 왕복 항공권과 교통비만 쥐여주고 인도 콜카타로 보냈다. 마더 테레사 하우스에서 몸조차 가누지 못하는 사람들을 돕도록 했다. 둘째가 열여섯이 되었을 때는 콜롬비아의 시골 마을로 보냈다. 홀로 멕시코를 경유해 보고타에 도착한 뒤 다시 버스를 타고 깊은 산골로 들어가도록 했다.

많은 사람이 위험하다고 말렸지만 나는 혼자 부딪히고 해결하는 시간이야말로 아이들을 단단하게 만든다고 믿었다. 물론 마음 한편엔 걱정이 있었다. 그러나 아이의 성장이 더 중요하다고 확신했기에 아이의 의사를 충분히 묻고 대화를 나눈 뒤 아이들을 홀로 보냈다.

다행히 두 아이 모두 무사히 집으로 돌아왔고 그 여정에 대해 밤새 이야기를 나누었다. 아이들은 그 시간 동안 자신이 얼마나 달라졌는지를 자랑스럽게 이야기했다. 아이들의 눈빛에서 혼자서도 해냈다는 자만심이 아니라, 세상이 결코 내 뜻대로만 흘러가지 않는다는 겸허함이 보였다. 작은 몸으로 감당하기 어려운 현실을 마주하면서도 끝까지 누군가를 돕고자 했던 순간, 아이들은 깨달았을 것이다. 사람은 완벽한 채로 살아가는 게 아니라 서로 기대고 도우며 살아간다는 것을 말이다.

마더 테레사 하우스에서 침을 흘리는 아이를 씻기던 순간부터 실리콘밸리 사업가들이 여는 파티에 참석해 전혀 다른 세계를 마주한 순간까지, 넓은 스펙트럼의 경험을 통해 두 딸은 자신만의 눈으로 세상을 바라보게 되었을 것이다. 나는 아이들이 그런 자신만의 관점으로 다른 사람의 말에 휘둘리지 않고, 더 큰 세상에 나가 주도적으로 살아가기를 바란다. 그것은 교육자로서의 바람이기 이전에 부모로서 내 아이에게 간절히 전하고 싶은 진심이다.

당신에게도 같은 바람을 품는다. 꽃길만 걸어서는 결코 단단해질 수 없다. 수풀이 우거진 정글길도, 발이 시린 돌밭길도 걸어야 한다. 그래야만 나와 상관없어 보이던 타인의 아픔을 이해할 수 있고 스스로 선택한 길 위에서 흔들림 없는 신념을 지닐 수 있다. 불편하고 낯선 길일수록 그 속에서야말로 진정한 배움이 자란다.

세상을 뒤집는 건
정석을 벗어난 맹랑한 질문이다

나는 정규 엘리트 교육을 성실하게 받은 학생보다 조금 다른 시선에서 엉뚱한 질문을 던지는 학생에게 더 마음이 간다. 매일 쏟아지는 수많은 메일 중에서도 명문대학에 다닌다는 학생의 메일보다 고등학교를 자퇴했다는 한 학생의 메일을 더 주의 깊게 읽는다. 나 역시 학창 시절에 겉돌고 공부를 잘하지 못했던 탓에 묘한 동질감을 느껴서일 것이다. 동시에 그런 학생들이 내게 메일을 보낼 정도의 용기를 내 어떤 이야기를 하려는지 궁금하기도 하다.

사람들은 흔히 학창 시절에는 주어진 공부를 묵묵히 하는 것이 최선이라고 말한다. 그러나 나는 조금 다르게 생각한다. '정석의 세계'에 갇혀 있다 보면, 세상에 꼭 필요한 창의적 발상을 하지 못하게 된다. 부모가 시키는 대로 학교가 요구하는 대로 과제를 성실히 수행하면 어느 정도 안정된 길은 걸을 수 있을 것이다. 그러나 그 길에서 얻을 수 있는 답은 정해진 답안지 속에 머물 뿐이다.

많은 발자국이 지나 이미 단단히 다져지고 넓어진 길은 안전하지만 그만큼 한정된 경험을 허락한다. 반대로 자의적이든 타의적이든 그 길 밖으로 밀려나 실패까지 겪은 이들은 더 다양한 경험을 축적한다. 그리고 그 경험의 결이 쌓여 세상과 새로운 연결성을 맺는다. 그 연결이야말로 창의력의 토대가 된다. 인생의 정규 과정을 벗어난

이들의 맹랑한 질문이 세상을 흔들고, 그 엉뚱한 답이 수많은 사람들의 삶을 바꾸어왔다.

혹시 곁길로 빠져보고 싶은 마음이 있지만 두려움 때문에 발걸음을 떼지 못하고 있는가? 그렇다면 용기를 내어 한 번쯤 발을 돌려보아도 좋다. 곁길이라 불리는 그 길은 당신에게 새로운 통찰과 연결 그리고 뜻밖의 기회를 선물할 것이다.

이미 세상이 정해놓은 성공의 길이 아닌 다른 곳에 서 있다면, 불안해하지 말라. 정해진 길에서 벗어났기에 오히려 당신만의 길을 만들 기회가 생긴 것이다. 억지로 대세에 끼어들려 애쓰기보다 지금 있는 자리에서 당신만이 할 수 있는 일을 찾아라. 당신이 지닌 고유한 경험과 관계, 재능은 분명 새로운 길을 열어줄 것이다.

꽃길에서 얻을 수 있는 것은 향기뿐이다. 그러나 눈 덮인 길, 거친 가시밭길에서는 삶의 지혜와 담대한 용기, 남다른 시선을 얻을 수 있다. 추위에 발가락이 오그라들고, 더위에 숨이 턱턱 막히며, 덤불을 헤치다 가시에 찔릴지라도 그 길을 피하지 말라.

그렇게 아픔 속에서 닦아낸 당신만의 길은 아직 발을 떼지 못한 다른 이들에게 희망이 될 것이다.

좋은 태도는 결국
건강한 몸에서 비롯된다

전 세계를 오가며 교육 프로젝트와 강연을 끊임없이 이어가다 보니 이런 걱정을 종종 듣는다.

"그렇게 바쁘게 다니면 언제 쉬세요? 그러다 병이 나겠어요."

걱정하는 마음은 늘 고맙지만, 사실 나는 누구보다도 휴식의 가치를 잘 알고 있다. 휴식은 멈춤이 아니다. 더 깊이 나아가기 위해 반드시 거쳐야 하는 '숨 고르기'다.

내게 그 숨 고르기는 집에 머무는 동안 아침과 저녁마다 강아지들과 함께 산책하는 것이다. 해외를 자주 다니는 탓에 매일은 어렵지만 집에 있을 때만큼은 강아지들과의 약속을 반드시 지킨다. 겉으로는 애견인의 행보 같지만 실은 그것이 나를 회복시키는 가장 온전한 휴식법이다. 산책길에서 강아지들이 나를 올려다보며 꼬리를 흔들고 마치 웃어주는 듯한 얼굴을 보일 때면 나도 모르게 마음에 여유가 생긴다. 작은 생명들이 주는 순수한 기쁨이 그대로 전해져 내게 깊은 힘이 된다.

하지만 이는 어디까지나 내 방식일 뿐이다. 누군가에게는 책 읽는 것이, 또 다른 누군가에게는 음악을 듣거나 손으로 무언가를 만드는 것이 될 수도 있다. 중요한 건 자신에게 무엇이 정말 쉼이 되는지를 찾는 것이다. 억지로 남의 방식을 따라 할 필요도 없고 남과 비교할 이유도 없다. 각자에게 맞는 그 휴식이야말로 삶을 더 깊고 단단하게 만든다.

잘 쉬는 삶이 결국 발전하는 삶으로 이어진다. 쉼의 목적은 일을 잘하는 것이 아닌, 더 건강하고 행복하게 사는 데 있다. 작은 쉼의 순간이 쌓여 오늘을 지켜내고 내일을 살아갈 힘이 된다. 당신에게는 어떤 휴식법이 있는가?

삶을 일으키는 진정한 휴식은
몰입의 시간을 갖는 것

우리는 흔히 휴식이라고 하면 아무 생각도 하지 않고 몸을 쉬게 하는 것을 떠올린다. 가만히 누워 멍하니 천장을 바라보거나, 손에 휴대전화를 쥐고 영상이나 SNS를 훑는 것처럼 말이다. 아마 가장 흔한 휴식의 모습일 것이다.

그런데 그런 시간을 보낸 뒤 정말 잘 쉬었다는 생각이 들었던가? 오히려 시간을 허비했다는 죄책감이 남거나 며칠 쉰 후 출근했는데 더 피곤했던 경험이 있지 않은가? 잠깐 머리를 식히는 데야 도움이 되겠지만 매번 그렇게 시간을 흘려보낸다면 오히려 인생이 더 지쳐 간다.

그래서 나는 휴식을 일 못지않게 중요하게 여긴다. 그리고 나만의 원칙을 세웠다. 먼저 업무와 무관한 집중의 시간을 갖는 것이다. 나는 쉬는 날이면 무조건 몸을 움직인다. 집 안의 낡은 벽을 고치거나 오래된 자동차 보닛을 열어 직접 수리한다. 오히려 그런 활동적인 몰입이 머리를 비워준다. 주말을 그렇게 보낸 다음 월요일을 맞이하면 마음이 더 맑아지고, 오히려 새 힘이 솟는다.

다양한 사람들과 어울리는 것도 내겐 좋은 휴식이 된다. 나는 종종 서로 다른 배경을 가진 이들을 집으로 초대한다. 일주일 동안 함께 먹고 자며 자유롭게 이야기를 나눈다. 교육의 문제부터 오지 아이들을 위해 할 수 있는 일들까지 주제가 끝없이 오가고, 때로는 새로운 아이디어가 즉석에서 싹튼다. 남들이 보면 쉬는 날까지 무언가를 벌이는 것처럼 보이겠지만, 내게는 가장 활력 있는 휴식이다. 웃고 떠들며 아이디어를 주고받는 그 시간 덕분에 오히려 내가 하던 일들을 새로운 눈으로 바라보게 된다.

진정한 휴식은 익숙한 방식을 잠시 벗어나 다른 기관과 감각을 쓰는 데 있다. 머리를 혹사했다면 땀을 흘리며 산책을 해야 하고,

몸이 지쳤다면 조용히 책장을 넘기며 정신을 쉬게 해야 한다. 중요한 건 '아무것도 하지 않는 것'이 아니라, 익숙한 집중을 잠시 내려놓고 전혀 다른 집중으로 옮겨가는 일이다.

심리학자 미하이 칙센트미하이는 《몰입의 즐거움》에서 "여가를 최대한 활용하려면 일할 때처럼 창조력과 에너지를 쏟아야 한다"라고 말했다. 짧은 영상들을 무의미하게 소비하는 것보다 마음을 다해 한 편의 영화에 몰입할 때 우리는 더 큰 감동과 힘을 얻는다. 진짜 휴식은 그렇게 새로운 몰입 속에서 우리를 다시 일으켜 세운다.

휴식은 결국 나를 위한 시간이다. 누가 정해주는 방식이 아니라 내가 스스로 선택한 방식일 때 비로소 온전한 휴식을 가질 수 있다. 강요된 만남이나 의무적인 활동은 아무리 즐거워 보여도 휴식이 아니다. 산책이든 독서든 대화든 내가 원해서 하는 그 순간이야말로 삶을 회복시키는 진짜 쉼이 된다. 그럴 때 우리는 일의 무게를 견디는 힘과 삶을 더 깊이 살아낼 용기를 얻게 된다.

건강한 몸이
모든 시작의 토대가 된다

아무것도 가진 것이 없을 때도, 오래 준비한 일이 무너져 다시 처음부터 걸어가야 할 때도, 하고 싶은 사업을 시작했지만 아직 안정되지 않아 밤을 새워 몰두해야 할 때도 그 모든 순간을 지탱하는 가장 확실한 힘은 다름 아닌 건강한 몸이다.

너무 당연한 말이지만, 당신이 만일 젊고 건강한 상태라면 그 절실함이 피부에 와닿지 않을 것이다. 하지만 인생의 고비를 몇 번 넘겨본 사람이라면 안다. 몸이 무너지면 꿈도, 의지도, 사랑도 함께 흔들린다는 것을. 건강은 모든 것을 가능하게 하는 전제 조건이다.

나는 이것을 해마다 더 절실히 느낀다. 작은 감기 하나에도 계획이 뒤틀리고, 잠깐의 무리에도 마음의 여유가 순식간에 사라진다. 특히 코로나에 걸렸을 때 그 사실을 뼈저리게 체험했다. 며칠 동안 이어진 발열과 근육 통증으로 침대에 꼼짝없이 누워 있으면서 그동안 당연하게 누리던 일상이 얼마나 소중했는지를 절실히 깨달았다. 몸이 무너질 때는 머릿속의 계획도 마음속의 열정도 무용지물이 된다. 반대로 몸이 단단히 받쳐줄 때는 어떤 실패도 다시 일어날 용기가 되고 어떤 고단함도 다시 해낼 힘으로 변한다.

그래서 당신에게 꼭 당부하고 싶다. 몸을 귀하게 여겨라. 건강은 내일을 준비하는 가장 큰 저축이자 삶을 살아내는 가장 든든한 자산이다. 돈보다 명예보다 심지어 지금 품은 꿈보다도 앞서는 조건이 바로 그것이다.

건강을 돌보는 일은 잘 먹고, 잘 자고, 꾸준히 움직이는 것처럼 사소한 습관에서 시작된다. 지루하게 들릴지 몰라도, 결국 그것이 내일의 꿈을 끝까지 품게 하는 토대가 된다.

무엇을 이루고 싶든 어디로 가고 싶든 그 길을 가게 하는 힘은 결국 당신의 몸에서 나온다. 건강은 목표를 향한 여정의 출발점이자 끝까지 달려갈 수 있게 하는 가장 묵묵한 동반자일 것이다.

몸을 돌보는 것이야말로
내일을 지키는 가장 탁월한 길이다

내가 오래전부터 간절히 바라온 소원은 단순하다. 오랫동안 편안히 앉아 있는 것이다. 누군가에게는 아무렇지 않은 동작이지만, 내게는 가장 어렵고 힘든 일이다.

미국 유학 시절, 나는 다른 누구보다 오래 앉아 있어야 했다. 옆 사람이 한 시간을 공부할 때 나는 최소한 열 시간을 앉아 있어야 겨우 따라갈 수 있었다. 식사 시간조차 아까워 끼니를 건너뛰었고 밤에는 잠자는 대신 아르바이트로 몸을 혹사시켰다. 원래 건강한 체질은 아니었는데 무리한 생활 끝에 결국 가장 약한 허리가 무너져버렸다. 이미 망가진 뒤에는 어떤 치료로도 예전처럼 돌아갈 수 없었다.

그 후로 나를 가장 난처하게 하는 말은 "우리 편안히 카페에 앉아 커피 한 잔 할까?"다. '편안히 앉아서'라는 표현은 내겐 모순처럼 들린다. 카페의 단단한 의자에 앉는 순간부터 고통은 시작된다. 그래서 나는 종종 사람들에게 밖에서 걸으며 이야기하자고 제안했다. 학교 캠퍼스를 산책하며 대화하는 게 특별하고 의미 있는 방식이라며 다들 좋아했지만, 사실은 앉아 있는 게 힘들었기 때문이다.

내 책상 앞에는 의자가 없다. 의자 대신 사무실에는 워킹머신이 놓여 있다. 나는 늘 천천히 걸으면서 일을 한다. 서 있는 것도 한계가 있어서 책상 밑에 워킹머신을 두고 천천히 걸으며 글을 쓰고 회의를 하고 서류를 읽는다. 이렇게 일한 지 벌써 20년 가까이 되어간다. 몸이 허락하는 방식으로 일을 이어가기 위해 나는 내 나름의 방식을 만들어왔다.

앉아 있는 것조차 힘들다 보니 오지로 향하는 울퉁불퉁한 비포장길은 내게 큰 난관이었다. 때로는 고문과도 같았다. 흔들리는 차 안에서 약을 삼키며 이를 악물고 버텨야 했고, 약 기운이 떨어진 순간 찾아오는 통증은 두려움 그 자체였다. 그럴 때마다 나는 건강 없이는 아무것도 할 수 없음을 절감했다. 그리고 그 깨달음은 언제나 나를 다시 제자리로 불러 세웠다.

때때로 젊은 날 건강을 지키지 못한 내 선택이 아쉽게 떠오른다. 그때는 더 배우고 싶고, 더 성취하고 싶다는 마음이 앞서 몸은 뒷전이었다. 조금만 더 버티면 괜찮아질 거라 믿었지만, 세월이 흐른 지금에야 알게 된다. 그때 지키지 못한 건강이 얼마나 큰 빚이 되어 돌아오는지 말이다. 나는 그 대가를 톡톡히 치르고 있다.

그래서 언제 어디서든 팔굽혀펴기, 윗몸 일으키기, 스쿼트를 꾸준히 한다. 완벽하게 올바른 자세로 하긴 어렵더라도 끊임없이 몸을 움직여야 한다는 것을 알기 때문이다. 건강은 기다려주지 않지만, 정직하게 응답한다. 오늘 쌓은 작은 습관이 내일의 힘이 되고, 모레의 기초가 된다.

나는 늘 태도와 마음가짐의 중요성을 이야기해왔다. 태도와 마음가짐이 제대로 빛을 발하려면 반드시 건강한 몸이라는 그릇이 필요하다. 아무리 뜨거운 열정도 지치고 병든 몸 안에서는 쉽게 식어버린다. 나의 실수를 누군가 되풀이하지 않기를 바란다.

건강은 하루아침에 완성되지 않는다. 식사, 수면, 운동 같은 뻔해 보이는 일들이 모여 장기적인 힘을 길러준다. 크고 거창한 것이 아니어도 좋다. 오늘 당장 할 수 있는 작은 루틴 하나를 시작해야 한다. 가볍게 걷는 것일 수도 있고, 짧은 스트레칭일 수도 있다. 중요한 것은 꾸준히 이어가는 일이다.

사랑도, 일도, 꿈도 때로는 우리의 기대를 배신할 수 있다. 그러나 몸은 그렇지 않다. 몸은 보살핀 만큼 정직하게 보답한다. 건강을 지키는 습관은 결코 헛되지 않는다. 그것은 언젠가 사랑을 다시 믿고, 일을 다시 시작하고, 꿈에 다시 도전할 수 있게 해주는 가장 든든한 힘이 된다.

그러니 지금은 젊다고 미루지 말아야 한다. 바쁘다고 외면하지 말아야 한다. 지금부터 몸을 소중히 돌보아야 한다. 그것이야말로 내일을 지켜내는 가장 확실한 길이다.

이것이 내가 마지막으로 남기고 싶은 당부의 말이다.

오늘 당신은 어떤 용기를 내었는가
어떻게 살아야 할지 막막한 이들에게 폴 김이 전하는 인생의 태도

초판 1쇄 2025년 9월 26일
초판 2쇄 2025년 10월 13일

지은이 폴 김

발행인 문태진
본부장 서금선
책임편집 이예림   **편집 1팀** 한성수 송현경

기획편집팀 임은선 임선아 허문선 최지인 이준환 송은하 김광연 이은지 김수현 원지연
마케팅팀 김동준 이재성 박병국 문무현 김은지 이지현 전지혜 조용환 김화정 천윤정
저작권팀 정선주
디자인팀 김현철
경영지원팀 노강희 윤현성 정헌준 조샘 이지연 조희연 김기현
강연팀 장진항 조은빛 신유리 김수연 송해인

펴낸곳 ㈜인플루엔셜
출판신고 2012년 5월 18일 제300-2012-1043호
주소 (06619) 서울특별시 서초구 서초대로 398 BnK디지털타워 11층
전화 02)720-1034(기획편집)   02)720-1024(마케팅)   02)720-1042(강연섭외)
팩스 02)720-1043
전자우편 books@influential.co.kr
홈페이지 www.influential.co.kr

ⓒ 폴 김, 2025

ISBN 979-11-6834-323-8 (03190)

- 이 책은 저작권법에 따라 보호받는 저작물이므로 무단 전재와 무단 복제를 금하며, 이 책 내용의 전부 또는 일부를 이용하려면 반드시 저작권자와 ㈜인플루엔셜의 서면 동의를 받아야 합니다.
- 잘못된 책은 구입처에서 바꿔 드립니다.
- 책값은 뒤표지에 있습니다.
- ㈜인플루엔셜은 세상에 영향력 있는 지혜를 전달하고자 합니다. 참신한 아이디어와 원고가 있으신 분은 연락처와 함께 letter@influential.co.kr로 보내주세요. 지혜를 더하는 일에 함께하겠습니다.